강변여관

현 대 수 필 가 1 0 0 인 선 II · 75

강변여관

심선경 수필선

수필과비평사 · 좋은수필사

■ 책머리에

수필은 누구나 부담 없이 읽고, 마음만 먹으면 직접 쓸 수도 있는 가장 친근한 문학이다. 다른 영역의 문학이 영상매체에 밀려 신음하고 있는 중에도 수필 인구만은 날로 증가하여 바야흐로 수필 전성시대를 구가하고 있는 이유도 거기에 있을 것이다.

시대적 추세에 힘입어 수많은 수필전문지, 수필동인지가 창간되고, 이에 비례하여 신진 수필가도 날로 늘어나다 보니 이제는 그 많은 작가, 그 많은 작품 중에서 문학성 높은 작품을 가려 읽는 일이 쉽지 않게 되었다. 이런 현상은 작가에게나 독자에게나 결코 바람직한 일이 아니다. 더 나아가서는 수필을 연구하는 후세들에게도 큰 부담이 될 것이다.

이런 문제를 해결하는 데는 출판인도 마땅히 한몫을 감당해야 한다는 평소의 소신에 따라, 본사가 기꺼이 그 역할을 맡기로 했다. 그 첫 번째 사업으로 시대를 대표할 만한 수필가 100인을 선정하고, 작가가 자선한 40편 내외의 작품을 수록한 문고본을 발간하여 이를 널리 보급함으로써 그 소임을 다하고자 한다.

본사는 사명감을 가지고 이 사업을 추진해 나가기로 했다. 작가 선정을 전담할 편집위원회를 구성하고 전권을 위임하여 일체의 사적인 정실이나 청탁을 배제함으로써 전문성과 공정성을 확보해 나갈 것이다.

따라서 이 기획물 속에는 작가의 문학정신뿐만 아니라, 본사의 문학사적 기여 의지와 편집위원 제위의 수필문학에 대한 애정과 문인으로서의 양심이 함께 담겨 있음을 자부한다. 다만, 작가를 선정하는 기준에는 많은

견해의 차이가 있을 수 있고, 선정 과정에서도 미처 챙기지 못한 부분이 있을 것이라는 사실만은 인정하지 않을 수 없다. 이 점에 대해서는 관계자 여러분의 양해 있으시기 바란다.

이 시리즈의 발간 순서는 작가, 또는 본사의 사정에 의한 것일 뿐 그 밖의 어떤 기준도 적용하지 않았음을 밝힌다.

본 기획물이 시대를 초월한 많은 수필 애호가들의 관심과 애정 속에 우리나라 수필문학 발전에 한 이정표가 되기를 바랄 뿐이다.

본사에서는 이상과 같은 취지로 ≪현대수필가 100인선≫ 전 100권을 완간하여 큰 반향을 불러일으킨 바 있다.

그러나 우리 수필문단의 규모나 수필문학의 수준에 비추어 선정 작가를 100인으로 한정하는 것은 형평성이나 효율성 면에서 크게 부족하다는 의견이 많았고, 본사 또한 이를 통감하던 터라 기꺼이 ≪현대수필가 100인선Ⅱ≫를 발간하기로 했다.

본사의 충정에 찬동하여 출판에 응해주신 저자 여러분에게 진심으로 감사한다.

2014년 9월 일

수필과비평사 · 좋은수필사 발행인 서 정 환

현대수필가 100인선 간행 편집위원 박 재 식 최 병 호

정 진 권 강 호 형

오 세 윤

1_부 겨울, 자작나무숲에 들다

2_부 카프카적 귀가

3_부 봄날 만들기

4_부 바람의 집

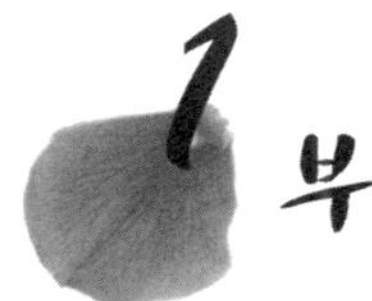

1부

바람 부는 날엔
뿔난 감자
겨울, 자작나무숲에 들다
내 안의 빈집
투명하게 낡아가는 것들의 시간
페타이어
강변여관
애벌레를 꿈꾸며
틈새
딱새와 유리창

바람 부는 날엔

바람 부는 날엔 춤추고 싶다. 옥상 위에 널린 하얀 이불 호청이 되어 출정하는 배의 돛폭처럼 허공으로 힘차게 펄럭이고 싶다. 살아갈수록 때가 끼는 마음 자락을 씻어내어 볕 좋은 날 빨랫줄에 나란히 널어 말리고 싶다. 묵은 세월에 얼룩지고 땀내에 전 나를, 빨랫방망이로 탕탕 두들겨서 열 번이고 스무 번이고 맑은 물이 나올 때까지 헹궈내고 싶다.

어릴 적, 외할머니는 빨랫비누에 치댄 속고쟁이를 우그러진 놋양푼에 담아 바글바글 삶곤 하셨다. 삭아서 고무줄이 툭툭 터지는 속옷들을 신명나게 방망이질하여 마당에 내다 말리곤 하셨는데 그때마다 "햇볕이 아깝다, 정말 아까워." 하시던 말씀이 이제는 딸아이에게 내가 입버릇처럼 하는 말이 되었다. 저 무수한 햇볕을 공으로 쬐면서 단 한 번도 그것에 고마워하지 않은 것이 그저 송구할 따름이다.

살아가면서 얼마나 속을 삭이고 얼마나 더 너그러워져야 외할머니의 구멍 숭숭 난 속고쟁이처럼 나달나달해지는 것일까. 거푸집 같았던 외할머니의 속옷을 개킬 때마다 부슬부슬 떨어지던 삭은 옷밥처럼, 가끔은 메마르고 궁상스런 삶이 삐죽대며 고개를 내밀 때가 있다. 감당하기 힘든 시간이 되면, 우리가 제대로 살고 있기나 한 것인지 아니면 죽지 못해 그냥저냥 견디고만 있는 것인지 누군가에게 묻고 싶기도 하다. 뱀 허물처럼 몸을 뒤집으며 후딱 빠져나간 시간의 빈곳을 허망한 눈으로 바라본다. 그러나 부지런한 손끝이 눈보다 먼저 가서 후줄근해진 일상을 황급히 수습한다.

어디서부터인지 모르게 뒤틀린 생生은 젖은 빨래처럼 무겁고 고단하다. 그런 날은 높은 바지랑대 옆에 바투 널린 흰 옷이, 패잔병이 치켜든 굴욕스런 백기처럼 보일지라도 한 번쯤 하늘에 두 손 번쩍 들고 아무 생각없이 투항하고 싶다. 무지하고 약한 인간인지라 전지전능하신 하느님과는 더 이상 싸울 의사가 없노라고 무릎 한 번 납작 꿇은들 또 어떠리.

길을 걷다가, 마당에 빨래가 널린 집을 보면 나도 몰래 그 집안으로 성큼 들어서고 싶다. 빨랫줄 하나에 온 식구가 다 걸려 있다. 바람이 덜어주고 햇살이 말려주지만, 식구들의 몸무게만큼이나 잔뜩 무거워진 빨랫줄을 바지랑대 혼자 이고 섰다. 촘촘하게 자리 잡은 빨랫줄 위의 가족들, 어머니의 레이스

달린 블라우스 옆에 아버지의 긴 바지가 슬쩍 다리를 걸치고, 형의 운동복 윗도리에 플라스틱 빨래집게로 집힌 동생의 양말 한 켤레가 냉큼 올라앉아 있다.

울타리 가득 널려 빛나는 것은 빨래가 아니라 우리네 정다운 삶의 모습이다. 단절되었던 세상인심을 긴 줄로 다시 잇고, 얼룩진 양심은 양푼에 삶아내어 널어 두면 목화솜 같은 인정이 피어난 빨랫줄이 한바탕 신명나게 춤출 것이다. 맑은 바람, 밝은 햇살 아래서 빨래들은 생기 푸른 나뭇잎처럼 피가 돌아 반짝이고 우리들은 살아 있다는 것만으로도 눈물겨울지 모른다. 서로 옹송그리며 몸 부비는 빨래들처럼 그렇게 붙어 살다보면 이심전심 아닌 것이 하나도 없을 듯하다.

삶이란 그런 것인가 보다. 세상의 이쪽과 저쪽을 구분지은 듯, 긴 바지랑대가 갈라놓은 빨랫줄에 빈틈없이 널렸다 걷히며 다시 더러워질 것을 마다하지 않는 눈부신 흰 옷의 반짝임 같은 것. 지난날 돌이켜보며 후회하기보다는, 남은 날을 아름답게 가꾸는 일에 희망을 걸고 행복을 걸어보는 것. 설령 아침나절에 내걸어놓고 걷어야 할 시간을 깜빡 잊어버려 밤이슬 맞으며 비바람에 젖는 신세가 될지라도 빨랫줄 같은 아찔한 삶의 무대에서 함께 나란히 흔들리는 것.

낮에는 홀로 비어있던 집에, 저녁이 되면 뿔뿔이 헤어져 있던 식구들이 돌아와 다시 빨래로 널릴 것이다. 순하지 않은 바람에 때로는 온몸이 만신창이가 되어도 삭은 빨래집게의 느슨한 힘이지만 우리를 함께 묶어 두는 삶이었기에 정녕 외롭지만은 않은 것이다. 외줄에 힘겹게 매달려서도 빨래들끼리 다닥다닥 붙어 있는 것은 살 맞대고 살 수 있다는 끈끈함에 젖은 가슴 말리며 덩실덩실 춤추는 것이다.

가끔 옥상 위에 올라 바람에 날리는 빨래들을 본다. 나도 저 빨래들처럼 부는 바람에 자유롭게 몸을 내맡길 수 있다면, 저리 가볍게 흔들릴 수 있다면 좋겠다는 생각을 할 때가 있다. 그러나 이내 고개를 흔들고 만다. 빨래들이 의지하고 있는 외가닥 빨랫줄과 새로 산 플라스틱 집게의 완강한 악력握力의 의미를 깨달으려면 나는 또 얼마나 더 세상과 부딪치고 깨어져야만 할까. 눈에 보이는 자유는 늘 매혹적인 자태로 나를 유혹하지만, 언제나 그렇듯 보이는 게 다는 아닌 것이다.

이 세상에 저 홀로 자랑스러운 것이 무엇이랴. 저 홀로 반짝이며 살아 있으면 무엇하랴. 흔들리는 나뭇잎 하나도, 발길에 채는 돌멩이 하나도 저 혼자 스스로 움직이는 것은 없다. 서로 어깨를 맞대고 얼굴 부비며 힘든 등 토닥이며 사는 것이다. 낡은 신을 신고 걸어가야 하는 먼 길이지만, 반드시 닿을 내일이 있다는 것을 철저히 믿기에 그 길을 어깨동무하며 함께 가는 것이다.

털어도 또 털어내도 먼지 많은 내 마음 속, 흐르는 물로 깨끗이 씻어낸 날이 마지막으로 언제였던가. 너무 오래 빨지 않아 곰팡이가 피지는 않았을까. 살아있는 동안은 묵은 죄를 씻어내듯 일상의 어둠을 흔들어 말갛게 나를 헹궈내고 싶다.

뿔난 감자

어두운 창고에 둔 나무상자에서 감자를 꺼낸다. 불을 켜지 않아도 나무상자가 어디쯤 있다는 걸 알기에 어림짐작으로 손을 더듬어 감자 몇 알을 쥔다. 하지만 곧바로 손에 잡힌 것을 놓고 만다. 내가 기억하던 그 감각이 아니다. 감자 한 상자를 사서 창고에 넣어둔 게 언제였나. 한없이 못생기고 어수룩하게만 보였던 감자의 몸 곳곳에는 성난 뿔이 불쑥불쑥 돋아 있다.

생각해보니 감자를 통째로 들여놓고 창고 문을 연 적이 별로 없는 것 같다. 처음 얼마간은 씨알이 굵은 감자를 여남은 개 골라내어 솥에 쪄 먹기도 했는데 언제부턴가 창고에 감자를 넣어두었다는 사실을 까맣게 잊고 있다 이제야 그 생각을 한 것이다.

기도문처럼 긴 신음소리를 내며 제 몸에 푸른 독을 품어온 감자가 마침내 스스로 얽은 눈을 틔워 초록색 싹을 낼 때까지 나는 여전히 감자의 뭉툭한 몸과 허연 속살만을 기억하고 있었다. 어둠이 켜켜이 쌓인 창고에 갇힌 감자는 몇 번쯤은 목청 높여 비명을 질러도 보았을 것이다. 무심하게 흘러버린 그 숱한 시간의 더께를 뒤집어 쓴채 웅크리고 앉은 감자는 절망하고 또 절망하였으리라. 기다림의 마음도 너무 오래되면 맥이 풀리고 결국 시름시름 앓게 되지 않던가.

지난겨울은 너무도 춥고 길어 더디 오는 봄을 원망하였다. 이 차갑고 답답한 공간 속에서 속히 벗어나고 싶다고, 이제 그만 나를 놓아달라고 감자들처럼 소리를 지를 수조차 없었던 나는 그저 구석에 웅크려 앉아 언젠가는 오고야 말 따뜻한 봄을 마냥 기다릴 수밖에. 그나마 기다림이 있어 앓기도 했었고 아프다는 사실만으로 살아있음을 확인하기도 했다.

썩어가는 감자의 몸에서 새로 싹이 돋아나는 이치를 설명할 수 없는 것처럼 삶은 내게 얼마나 부조리하고 난해한 공식을 던져 주었던가. 인생은 단 한 번도 나를 속이지 않았지만 언제부턴가 나는 인생을 믿지 않게 되었다. 창고 속 감자처럼 너무도 막막한 어둠에 갇혀 날 수 없는 날개를 겨드랑이에 품는 일이 과연 옳은 것인가에 대해 수없이 물음표를 던져보기도 했었다.

어쩌면 창고 속 감자는 똬리를 틀고 동면에 들어갈 준비를 하는 갈색 뱀처럼 어둠의 발등을 힘겹게 넘으며 또 다른 수태를 꿈꾸었는지 모른다. 안으로 삭이지 못해 번뜩였을 저 서슬 푸른 독기는 급기야 감자의 온몸을 녹슬게 하였으리라.

새가 알을 품듯이 감자도 제 스스로를 다독이고 품으며 그 긴 시간을 견뎌갔을 것이다. 하지만 오랜 기다림의 눈물 끝에 짓무른 눈언저리가 보라색 멍이 들고 마침내 성난 뿔이 돋아날 즈음 그 몸인들 온전하였을까. 가장 얽은 눈에서부터 싹이 자라난 감자는 절망의 늪에서 빠져나가려는 희망의 어깨살처럼 속으로 품어온 독과 상한 마음을 이렇듯 단호하게 바깥으로 드러내 놓은 것이다.

저렇게 순하고 어질게만 보였던 감자에게도 이처럼 독한 구석이 있었다는 게 그저 신기할 뿐이었다. 독이 때로는 약이 되기도 한다. 사람이나 다른 동물들에게는 독이 해롭지만 감자의 입장에서 본다면 몸 속의 독성은 종자를 번식시키기 위한 유일한 보호책이 되었으리라. 만약 감자가 창고 속에 갇히지 않고 겨울 벌판에 묻혀 있었다면 아마도 야생 조류의 좋은 먹잇감이 되었을 것이다. 싹을 제때 틔우지 못한 녀석은 다른 동물의 먹이가 되고 눈치껏 빨리 틔운 녀석은 갓 자란 싹의 독성으로 생태계의 먹잇감이 되는 화를 면하게 되는 것이다. 보잘것없는 감자 한 알도 다음 세대를 잇기 위해 저토록 아픈 부활을 꿈꾸건만 나는 왜 아직도 몸을 사리고만 있는 것인가.

감자의 몸에도 뼈가 있다면 그건 아마 투명한 슬픔일 것이다. 서서히 죽어가는 몸과 동시에 자라나는 열망 사이의 여백

이 겨울바람처럼 마음을 아리게 하였을 게다. 저렇듯 투명한 슬픔조차도 엑스레이는 선명하게 촬영해 낼 수 있을까.

나무상자 속에는 다른 감자에 짓눌리거나 창고의 습기로 인해 벌써 반쯤이나 썩어버린 불운한 감자도 있다. 빨리 골라내지 않으면 멀쩡한 감자까지 죄다 못쓰게 될 성싶다. 바구니 두 개를 놓고 감자 살생부殺生簿를 만든다. 제 앞가림도 못하는 주제에 염라대왕이라도 된 듯 의기양양하여 먹을 감자와 버릴 감자를 골라낸다. 아직 싹을 틔우지 않아 표면이 매끈하고 둥글둥글한 감자는 가까운 바구니에 살짝 놓고 뿔이 나서 못생긴 감자와 썩은 감자는 멀리 있는 감자 바구니에 마구 던져 넣는다. 가까운 벗이 보았다면, 허물 덩어리인 제 모습은 볼 줄 모르고 못난 감자는 잘도 골라낸다며 은근슬쩍 나를 비웃지 않았을까.

언젠가 소설가 이문열 선생의 글 속에서 발견한 구절처럼 나는 지금 내 자서전의 가장 힘든 부분을 쓰고 있는 것인지도 모른다. 이렇게 살 수도 없고 저렇게 죽을 수도 없을 때 서른이 가고 마흔이 오더니 이제 머지않아 쉰을 바라보는 나이가 되었다. 뿔이 나온 못생긴 감자를 골라 멀리 던져버렸던 내가 만약 감자로 태어났다면 지금 어떤 모양을 하고 있을까. 제대로 뜻 한 번 펴지도 못한 채 오늘이 가면 매번 어김없이 내일이 당도해 있을 것을 철저히 믿는 나는, 결국 푸른 독도 품지 못하고 성난 뿔 하나도 내어놓지 못해 썩어버리고 마는 불량감자가 되지 않을까 설핏 두려워지는 저녁을 품는다.

겨울, 자작나무 숲에 들다

미시령 오르막길 바람이 차다. 살갗에 닿는 것은 바람이 아니라 칼날 같다. 감각이 무뎌진 다리를 끌며 얼마를 걷고 또 걸었을까. 어느 순간, 홀연히 눈앞에 나타난 자작나무 숲을 만난다. 유독 다른 나무들보다 이른 시기에 잎을 떨어내고 저 멀리 흰 기둥과 흰 가지만으로 빛나는 자작나무는 영혼의 뼈를 발라낸 듯 하늘 높이 솟아 있다.

단 하나의 이파리까지 모두 지상에 내려놓은 빈 나무가 아름드리의 부피감 없이도 저리 빛날 수 있는 것은 자작나무의 어떤 힘 때문일까. 어둠과 빛이 한데 스며들어 그 경계조차 허물어진 산기슭에서 자작나무는 홀로 빛난다. 하지만 그 빛은 적막을 품어 눈부시지 않고 다만 고요할 뿐이다.

자작나무 숲에 하얀 겨울바람이 분다. 바람에 색깔이 있다면 이곳에 부는 바람은 분명 하얀 바람이었을 게다. 빽빽하게 무리지어 선 나무들이 서로의 가지를 붙들고 있다. 혼자서는 매서운 바람과 찬 서리를 견딜 수 없어 어깨를 나란히 맞대고 선 것일까. 칼바람에 생채기가 났는지 마른 나무껍질은 쩍쩍 소리라도 낼 듯 등짝이 거칠게 갈라져 있다. 터진 수피 속으로는 맨살이 그대로 드러나 보인다. 지난 계절의 묵은 때를 모두 벗겨내기라도 하려는지 차곡차곡 겹쳐놓았던 종잇장이 들뜬 것처럼 나무껍질이 한꺼번에 일어난다.

저 많은 나무들이 함께 살아가는 숲에서 자작이 유독 빛날 수 있는 것은 한 계절 너끈히 견뎌준 남루한 껍질을 스스로 벗고 북풍한설에 여린 속살을 단단히 여물게 했기 때문일 게다. 흰 몸통의 군데군데는 저희들끼리 몸을 부딪쳐 가지치기 한 자리인 양, 흉터처럼 남아있는 옹이가 유난히 크고 짙어 보인다. 거대한 자연의 품에 한 그루의 옹골찬 나무로 우뚝 서기 위해 감내해야 했던 아픔이 고스란히 배어든 듯하다.

숲으로 들어와, 인내의 상처를 화인火印처럼 몸통에 남긴 채 당당하게 서 있는 자작나무를 만나지 않았다면 아마도 나는 중도에 산행을 포기했을지 모른다. 먼 곳에서 바라보았을 땐, 그저 신비롭고 아름답게만 보였던 자작나무 숲. 가까이 다가와 보니 이제야 알겠다. 저 빛나는 둥치를 갖기 위해 얼마나 혹독한 바람을 맨몸으로 맞섰을지, 부러진 가지가 스스로 낸 아린 상처 자국에 얼마나 숱한 시간의 겹을 덧입혔을지 이제야 비로소 알겠다. 쓰러진 나무의 그루터기에 앉아 느슨해진 등산화 끈을 단단히 조여 맨다. 추위와 피로로 더 이상은 한 발짝도 옮길 수 없을 것 같았던 발걸음을 다시 내딛는다.

복잡한 도시 속, 출퇴근길의 행렬에 끼여 정신없이 달려온 세월. 계절이 어떻게 바뀌고 오늘 떠오른 해와 어제 떠올랐던 해가 어떻게 다른 것인지도 모른 채 살기 위한 집념으로 시간을 쪼개어 썼다. 그러다가 도심 한가운데를 지나면서 나도 몰래 종종 멈춰 서게 되는 때가 있었다. 그곳에 덩그러니 서 있는 내 모습은 의지할 곳 없는 빈약한 나무 한 그루였다. 하늘을 찌를 듯한 빌딩이 즐비한 거리에서 왜 나는 숲의 배후로 버티고 서있는 이 산이 그토록 그리웠을까. 삶은 내게 쉬지 말고 길을 가라고 재촉하지만 내겐 멈춰 쉬는 시간이 필요했다.

오래된 흑백필름 영상처럼, 자작나무의 허물벗기는 지난했던 내 삶의 모습을 떠올리게 한다. 어릴 적 순수했던 아이의 초롱초롱했던 눈망울은 어디로 가고, 온갖 풍파와 세월의 더께를 뒤집어써서 이제는 본모습이 어떤 형상인지도 알 수 없는 내 껍질은 도대체 몇 겹으로 싸여 있는 걸까. 껍질을 얼마나 벗겨내야 그 속에 숨은 참된 내 모습을 발견할 수 있을까. 늦지 않았다면 자작나무가 껍질을 벗듯, 내 삶의 궤적 가운데 내밀한 튼튼함은 더욱 단단히 자라게 하고 씻지 못할 허물과 아픔은 죄다 밖으로 훌훌 털어내어 버리고 싶다.

자작나무에선 혁명의 냄새가 난다. 러시아 혁명에서 빨치산

들이 피로에 지쳐 돌아오던 아지트도 자작나무 숲이었고, 닥터 지바고가 달빛을 틈타 혁명군들을 등졌던 곳도 자작나무 숲이었다. 인디언들은 그 나무를 '서 있는 키 큰 형제들'이라 부른다. 나무의 직립성을 이보다 더 적절하게 표현하기도 힘들지 싶다. 오로지 태양을 향해 곧게 선 나무가 자작나무뿐일까만 그 사랑이 얼마나 지극하면 저리도 흰 가슴으로 하늘바라기하며 마냥 서 있을까 싶다.

자작은 이름만큼이나 귀족적인 자태를 뽐내지만 결코 오만하거나 배타적이지는 않다. 또한 유아독존, 독야청청하지도 않다. 만약에 그렇다면 숲에서 멀리 떨어져 홀로 넓은 자리를 차지하고 있었어야 옳다. 무리로부터 떨어져 혼자 서있는 자작나무는 곧게 자라지 못한다. 그래서 서로 어깨 맞대어 함께 살아가는 것인가 보다. 가끔은 옆에 선 나무와 부딪치며 자연스럽게 가지를 정리한다. 저들끼리 경쟁하듯 하늘로 곧추서는 것이다. 서로가 서로의 버팀목이자 바람막이다. 그러면서도 한 그루, 한 그루가 독자적 자존으로 빛을 발한다.

숲에 군락을 이룬 자작나무는 하늘 높이 우뚝 솟아오르고도 내려다보는 일이 없고, 앞에 서서도 뒤에 선 나무들의 배경이 될 줄을 안다. 서로 경쟁은 하지만 같이 살아가는, 그래서 더 충일한 존재감이 되는 나무. 함께 있어 아름다운 것들은 '나'를 버리지 않고도 '우리'가 된다는 것을 자작나무 숲이 내게 넌지시 일러주는 듯하다.

저녁 어스름에 상록수림을 배경으로 빛나는 자작나무 숲의 광휘, 숨이 막혀 버릴 듯 거대한 존재감으로 나를 압도한다. 지금은 헐벗은 숲이지만, 지난 가을에 만난 자작나무 숲은 또 다른 세상이었다. 가장 낮은 곳으로 가라앉는 빛을 받아 지극히 섬세하고 고운 올로 새긴 잎사귀의 반짝임은 태양을 향한 자작나무의 연서였다. 남들은 그 눈부신 광채를 햇살의 반사광이라 말하지만 나는 그 빛이 자작나무 숲의 정령이 뿜어낸 신비한 기운이라고 믿고 싶기도 했다. 산그늘에 스스로 돋을새김하는 자작나무의 빛살 사이로 슬쩍 끼어든 바람을 타고 흐느적거리던 잎사귀들의 작은 떨림이 아직도 내 마음속에 전해지는 듯하다.

유난히 환하고 흰 빛의 공간. 저 시린 숲의 빛깔을 그냥 하얗다고 말해버리기엔 무언가 많이 부족하다. 여기에 있으면 나도, 자작나무도 현실과는 너무도 먼 거리에 있는 듯한 착각이 든다. 자작나무 숲이 만들어낸 그 흔하지 않은 아름다움은 지상의 다른 모든 존재들처럼 내가 그 자리에 꼭 있어야 하는 것은 아니며, 우연하고 무상한 것이라는 사실을 어렴풋이나마 깨닫게 한다. 보이지 않아도 존재하는 것이 있고 들리지 않아도 소리 내는 것이 있는 것처럼.

자작나무 숲을 돌아 나오는데 누군가의 낮고 차가운 목소리가 들리는 듯했다. 그 목소리는 이 거대한 자연의 품에서 단지 하나의 사물로써 존재하는 내 이름을 나직이 불러주었고 그는 내가 더 이상 다가갈 수 없는 자리에다 나를 주저앉혔다. 어떠한 대상도 여기서는 고요히 서 있거나 앉아있는 하나의 물상에 지나지 않았다. 자작나무들의 들숨은 마침내 땅속의 먼 뿌리까지 닿고 그곳을 돌아나온 힘찬 날숨은 온 산맥을 굽이치며 함께 출렁인다.

내 안의 빈집

해거름에 나선 뒷산 산자락에 쑥부쟁이 꽃이 흐드러지게 피었다. 숲속 산책로의 가래나무 가지 사이, 낯선 거미집 하나가 달려있다. 가던 걸음을 멈추고 불안한 시선을 조심스레 그물망에 건다. 무심코 날다 걸려들었을 큰줄흰나비가 망을 벗어나려 파닥거린다. 그물망에 걸려든 생물의 몸부림이 강해질수록 포승줄은 먹이의 몸을 더욱 옭아맨다. 거미는 함께 흔들리며 조용히 자신의 때를 기다린다. 작고 하찮아 보이기까지 했던 거미의 삶이, 지금 이 적요한 숲을 통째로 내리 흔들고 있다.

날개가 부스러진 나비의 비명은 숲의 고요에 가 닿지 못한다. 기다림의 팽팽한 끝, 먹이가 지칠 때까지 거미는 옴짝달싹하지 않는다. 이윽고 파르르 떨던 나비의 숨이 멎자 사냥꾼이 서서히 움직인다. 느긋하게 가을 하늘 끝을 거미줄로 친친 감는다. 숲속 생태계의 준엄한 장례식을 끝까지 지켜보자니 식은땀 흐르던 등줄기가 오싹해진다.

저 투명한 날개를 걷어 바람 속으로 되돌려버릴까도 생각해 보았다. 어렸을 땐, 좁은 길을 가다가 얼굴에 온통 거미집을 뒤집어쓰면 끈적끈적한 그물망을 일부러 멀리 밀고 가서 공중에 흩어버리곤 했다. 거미줄에 걸려들어 버둥거리다 최후를 맞는 곤충들이 애처롭기도 했지만, 긴 다리를 바짝 세우고 거꾸로 매달려 음험한 눈빛으로 지켜보다가 걸려든 먹이를 포식하는 거미란 놈에게 대단한 적개심을 품었었기 때문이다. 내 나이가 스물이거나 서른이었다면 이런 생각들에서 그리 멀어지지 않았을 게다. 그러나 지금은 마흔의 막바지. 망에 걸려든 나비나 잠자리의 입장보다, 살기 위해 밤을 지새우며 필사의 그물 짜기를 하였을 거미의 마음을 먼저 읽어버렸다.

생명의 먹이사슬로 짜인 이 오묘한 자연의 섭리와 질서를 거창하게 설명할 정도로 나는 해박한 지식을 갖지 못했다. 또한, 목숨을 연명하고자 뭇 생명들을 유인하는 거미의 행동을 의로운 행위로 본다면 그에 반박할 이유를 내세울 만큼 내 머리는 논리적이지도 않다. 하지만 이상하게도 거미집을 보면 온몸이 굳어지고 움츠려드는 듯하다. 내 삶이 그곳에 투영되기라도 한 듯 거미가 얽어놓은 올가미에 꼼짝없이 걸려들어 단 한 발짝도 쉽사리 떼놓을 수가 없게 된다.

저녁노을이 서서히 어둠에 잠겨갈 때 거미는 작업을 시작한다. 어제 이맘때 지었던 집을 허물어 먹어치운 뒤 다시 새로운 집을 짓는다. 제 몸을 풀어 세상을 만드는 거미는 조물주의 창조 능력을 타고난 마법사 같다. 가늘고 부드러운 발톱으로 허공에 밑그림을 그려놓고 혹시 모를 빗방울의 크기와 바람의 각도조차 놓치지 않는다.

거미집은 또 다른 하나의 우주이다. 허공을 건넌 거미는 신중하게 가장자리로부터 빙글빙글 돌며 길을 엮는다. 앞발로 공간을 나누고 뒷발로 길 하나를 튕겨 붙인다. 전위예술가를 빰칠 듯한 거미의 기막힌 건축술은 기하학적 무늬와 정교한 각을 지어 햇빛에 반짝이는 집을 지어놓고 눈 어두운 곤충들을 유혹한다.

비가 와도 물이 그대로 새는 집, 바람이 불어도 그냥 통과하는 집, 햇살이 뜨거워도 피할 수 없는 그물로 된 그 집은 세상에서 가장 가벼운 집이다. 공들여 만든 끈적한 점액질의 길은 벌레의 미세한 떨림마저 중심점으로 정확히 전달할 것이다. 하지만 조물주에게 날개 대신 다리 한 쌍 더 욕심부린 죄로 아주 좁은 길만 허락된 거미의 운명. 그 길마저 제 몸을 녹여 허공에 놓아야 하는 천형을 타고난 것일까.

올무를 쳐 놓은 뒤 몰래 숨어서 먹이를 기다리는 거미의 생존법이 좀 비겁해 보이기는 해도, 살다 보면 분명 그것이 정정당당한 것이 아닌 줄 알지만 어쩔 수 없이 수긍해야 할 때가 한두 번이던가. 나이 들어 가정을 꾸려가면서 한세상 산다는 일이 결코 녹록지 않다는 것을 알게 되었다. 내가 바라던 것들은 거미줄처럼 얽혀 있었고 나는 그 중심점에 거미처럼 고독하게 붙박여 있었다. 운명의 베틀로 촘촘히 짜놓은 의식의 망에 긴 한숨이 되어 매달린 삶은, 이따금 부는 바람에도 간당간당 흔들리기 일쑤였다.

흔들리는 거미줄 위에 그리스 신화 속 한 여인의 모습이 어룽거린다. 어찌 보면 수십 년 동안 가슴에 품어온 뜻을 세상에 펼치지 못해 속이 새까맣게 탄, 내 못난 자화상과 무척이나 닮았다. 거미가 되기 전 그녀의 이름은 아라크네였다. 베 짜는 기술과 자수 솜씨가 뛰어나 림프들까지 감탄했던 실력이었지만 지나친 자만심으로 지혜의 여신 아테나에게 무모한 도전을 감행했었던 그녀. 신들을 모욕한 죄로 결국 거미의 모습으로 변해 영원히 실을 잣는 형벌을 받게 된 아라크네가 저기 거미줄 끝에 굳어버린 듯 웅크리고 있다.

거미가 해를 등지고 분주히 집을 지을 때, 내 마음속 세상의 벽과 벽 사이에도 수없는 거미집이 지어지고 또 허물어졌다. 거미가 늘리는 생의 맞은편에서 그 가닥에 합류하기 위한 내 열망을 위태롭게 걸어보기도 했다. 알 수 없는 미래를 가늠하며 불안한 인연의 실 줄을 당겨도 보았다. 나 스스로 만들어놓은 거미집의 영역에 애꿎은 사람들도 붙들어 앉히고 불규칙한 시간들을 가두기도 했다. 그러나 억지로 채워놓은 가구들처럼, 빈집은 늘 황폐했고 햇살을 받아도 더 이상 빛나지 않았다.

후회스럽고 부끄러운 지난날들도, 위장망에 먹이가 걸려들기를 기다리는 거미처럼 생존을 위해 어쩔 수 없었다는 변명으로 덮어버릴 수 있을까. 거미는 몸을 풀어 선을 만들고 흔적도 없이 선을 넘나들지만 단 한 번도 줄에 걸리는 법이 없는데 나는 그렇게 되지 않았다. 내가 짜놓은 인연의 줄에 발이 걸려 번번이 넘어지고 붙들렸다. 스스로 만든 길이었지만 나는 그 길에 어두웠다.

거미로 하여금 거미줄을 만들게 하는 것은 오로지 먹이에 대한 탐욕 때문일까. 아니면 그물망 칸칸에 잘 나누어 담은 그리움 때문인가. 거미와 그 부류의 생물들이 가지는 아름다운 계략을 나는 알지 못한다. 그러나 살기 위해 날마다 제 몸을 풀어내는 고통까지 참아내는 거미를 어찌 비겁하고 음험한 포식자라고만 비난할 수 있으랴.

바람처럼 가벼운 목숨일지라도 스카이다이버같이 고공낙하하며 가장 풍요로운 뜰에 줄을 내리는 거미처럼, 나도 세상의 중심에 서서 어떤 고통과 슬픔도 당당하게 껴안을 수는 없을까. 내 삶의 무게를 모두 내려놓고 위선과 오만의 색色을 벗어던질 수 있다면, 그래서 마침내는 함초롬한 아침이슬 한 방울로 남겨져 지상에 툭 떨어져도 좋으련만.

명주실 풀어내듯 뱃속의 점액을 뽑아 저 허공, 바람의 길목에 매달려 있는 거미집. 때로는 나무의 숨소리가 걸리기도 하고, 밤하늘에 흐르는 별똥별 꼬리가 걸려들기도 하는데 나는 그저 내 안의 빈집에 칩거 중인 거미를 물끄러미 지켜볼 뿐, 어떤 말도 건네지 못한다. 내가 세상의 모든 것으로부터 달아난다 해도 나 자신으로부터는 결코 달아날 수 없다는 것을 잘 알기 때문이다. 날마다 자루 긴 빗자루로 걷어낸 마음속 거미줄에 다시 걸려, 손도 발도 떼지 못하는 내가 오늘따라 몹시도 답답하고 아뜩하다.

투명하게 낡아가는 것들의 시간

시골집 툇마루에 나와 앉는다. 무심코 바라본 처마 끝에 시래기와 우거지 몇 다발이 걸려있다. 바싹 말라비틀어진 이파리들이 밧줄에 매달린 목숨처럼 처연하다. 단 한 방울의 물기마저 모두 떨어낸 잎사귀들은 얼굴색마저 누렇게 떴다. 마른 몸이 되기 전, 푸릇푸릇한 머리는 하늘로 치켜 오르고 물오른 줄기가 희망으로 불끈 솟구쳤을 때도 있으리라.

어느 해 늦가을, 혹은 어느 겨울 초입에 매달아 둔 것일까. 거둬들일 손길 사라진 지 오래된 빈집 처마 끝엔 꼬아 엮은 지푸라기 매듭이 느슨해지기까지 서리에 얼고 눈 맞아가며 투명하게 낡아간 시간들이 함께 머물러 있다. 그 줄에 엮여 절대로 놓아서는 안 될, 평생이 아니라 저승에까지라도 가서 매달려야 할 이유가 있는 것일까.

가난에 익숙한 사람들은 목숨 하루 넘기는 것이 피 말리는 것과 같아서, 몸이 우는 소리조차 뼛속에 눌러 가두고 먼 이국의 사막처럼 정갈하게 말라버린 어머니. 그 깊었던 신음처럼 바싹 마른 이파리들은 가생이부터 바스라진다. 어쩌면 쓰라리듯 지독한 슬픔을 그냥 삼킨 탓에 가슴 속에 난 생채기의 흔적인 듯도 하고 속 깊이 숨겨둔 울음인 듯싶기도 하다.

미라처럼 말라 앙상하게 야위어가는 저 우거지들도 맨 처음엔 언 땅을 가장 먼저 뚫고 나온 연한 잎들이었다. 눈뜨지 않은 씨앗을 틔워 푸른 싹을 나게 하고 가장 바깥에 나서서 폭우와 흙먼지를 뒤집어쓰며 알심을 단단히 여물게 한 것이 저들이었다. 속잎을 차곡차곡 채우기 위해 오뉴월 염천에 온몸이 타들어가고 장맛비에 껍질이 죄다 짓물러져도 제 한 몸 기꺼이 내어준 것이 저들이다.

그렇게 하루하루 낡아갔지만, 고갱이만을 택하고 난 뒤 사람들로부터 맨 먼저 버림받은 것들 또한 저들이다. 밑동과 함께 덩그러니 남겨진 늙은 배춧잎은 밭고랑에서 그대로 썩거나 운 좋게 차에 실려 가더라도 새벽시장 채소 상인들에게 못난 허물처럼 벗겨져 한쪽으로 내던져지는 신세였다.

그나마 저들의 푸르렀던 날을 기억하는 손에 부지런히 갈무리된 푸성귀들은, 황톳집 처마밑에 달리거나 흙벽에 붙어 한겨울을 난다. 간간이 드는 햇볕에 몸을 말리고, 먼데서 불어온 바람이 전하는 말을 바스락거리며 듣는 것이다. 그러다가 까다로운 입맛도 변하고, 음식의 취향도 곤궁해져서 문명의 풍요로 채울 수 없는 어떤 빈곤의 시기가 오면 사람들은 질깃질깃하던 그 옛날을 떠올리게 되리라. 잘 불리고 잘 삶지 않으면 지푸라기같이 질겨서 먹기 사나왔던 음식이지만, 질겅질겅 씹히던 가난을 떠올리며 옛 기억의 허기를 메우기 위해 흙벽에 달린 시래기 다발을 걷어들이지 않을까.

투명하게 낡아가는 것들은 그 때를 기념하기 위해 지금 찬 서리를 맞고 눈에 젖으며 느릿느릿 시간을 탐색하고 있는 것이다.

폐타이어

경로당 앞 공터에 폐타이어 하나가 누워있다. 평생 짊어지고 살았던 것들의 절반쯤은 내다버린 듯 몸무게가 한결 가벼워진 경로당의 노인들처럼 가슴 한가운데가 뻥하니 뚫렸다. 어딘가에서 제 스스로 굴러온 것인지, 어둠과 손을 잡은 주인이 슬그머니 놓고 간 양심인지 알리바이가 불분명했던 바퀴는 오래도록 침묵을 지키고 있었던 터다.

늘 오가는 길이지만 건성으로 지나쳤는데 폐타이어 주변으로 아예 군락을 이뤄 피어난 애기똥풀 노란 꽃들이 오늘은 따사로운 햇볕을 즐기며 몹시들 재잘거리는 듯해 보였다. 앙증맞은 노란 꽃을 다닥다닥 달고 있는 그 꽃이 애기똥풀 꽃이라는 것도 볕 쬐러 나온 동네 할머니께 물어물어 알게 되었다.

숙명처럼 지고 다녔던 차의 무게에서 벗어나 뒤늦게 얻은 자유를 만끽하는 그의 자세는 오히려 적요하다. 허옇게 탈색된 바퀴 표면은 선명했던 주름들이 닳고 닳아 없어진 지 오래다. 달려온 길들을 끌고 온 뒤 무덤처럼 이곳에 뿌리를 내려 길 위의 집이 된 굴레는 공기 대신 흙모래로 몸을 메우고 작은 생명들의 요람이 되었다. 깊게 파인 몇 겹의 껍질들은 힘겨웠던 마찰의 흔적을 간직하고 있는데, 숨 가쁘게 달려온 생전의 길 위에는 아직도 바퀴의 뜨거운 피가 흐르고 있는 것일까.

여기에 자리를 잡기 전엔 목적지를 향해 앞만 보고 전력질주했을 탄탄한 몸이었을 게다. 지금은 아무짝에도 쓸모없이 내버려지는 신세가 되었지만 이따금 흙먼지를 풀풀 날리며 덤프트럭이 지나가면, 폐타이어는 자신이 달려온 길을 슬며시 떠올려보기도 했으리라. 때로는 과속으로 아찔한 순간도 겪고, 험한 곳을 달리다가 온몸에 펑크가 나기도 했었을 고단한 길 위의 삶. 속도에서 벗어나기 위해 더욱더 빨리 달려야 했던 그는 가끔씩 자신에게 주어진 세상의 바깥으로 튕겨나가고 싶다는 생각도 하지 않았을까. 한 끝, 희망을 잡고 달려온 길은 이제 시작도 끝도 알 수 없는 아득한 거리에 있고 어느 순간부터 속도를 잃게 된 몸은 떠나온 도시의 소음과 무질서한 질주의 흔적을 애써 지워보려는 듯하다.

폐타이어에 감겼을 헤아릴 수 없는 길들을 어림잡으며 지나온 내 삶의 길을 돌이켜본다. 눈 감고도 찾아갈 수 있는 길을 많이 알면 알수록 이토록 삶은 여위어가는 것인가 싶기도 하다. 한낮에 내리쏟는 햇살로 배불러진 차바퀴에도 하늘의 따스한 기온이 전해졌나 보다. 폐타이어의 둥그런 굴레를 둘러싸고 애기똥풀 옆에 쇠뜨기풀이며 민들레 같은 눈에 익은 풀꽃들이 서로 고개를 맞댄 채 옹기종기 모여 있는 것이다. 폐기처분된 고무타이어가 넉넉한 품을 내어주어 이다지도 풍요로운 세상을 펼쳐낸다는 것이 좀체 믿기지 않았다.

어렸을 적의 나는 동그랗게 생긴 것들이라고는 죄다 한 번쯤 굴려보아야만 직성이 풀리는 아이였다. 주머니 속에서 꺼낸 알록달록한 유리구슬도, 마을 공터에서 오빠가 벽을 향해 뻥뻥 차대던 축구공도, 옆집 아이가 잠시 세워놓고 간 굴렁쇠도 무작정 데굴데굴 굴려보고 싶었다. 마당에 세워둔 리어카 바퀴나 아버지의 삼천리호 자전거 바퀴도 내 손길을 벗어날 순 없었다. 몸체에서 분리하여 굴려볼 순 없었지만 그 자리에 세워둔 채로 돌려보는 재미도 쏠쏠했다. 몸이 둥근 물건들은 구르고 또 굴러서 언젠가는 그 몸 중심에 숨겨둔 날개를 펼쳐 하늘 높이 날아오를 것만 같았다.

잠시 세워둔 자전거만 있으면 쪼르르 달려가 은빛 바퀴를 힘껏 돌려보는 어린 딸이 혹여 바큇살 속에 손가락이라도 끼여 다치지나 않을까 아버지는 항상 조마조마해 하셨다. 어떤 날도 바퀴 돌리기에 신바람이 났었는데 아버지가 뚜벅뚜벅 다가오시더니 냉큼 나를 안아 올려 자전거에 태우셨다.

"저 멀리 바람이나 쐬러 가자."

우리 마을에도 잘 부는 바람을 왜 멀리까지 나가서 쐬어야 하는지 그때는 이유를 잘 알지 못했다. 지금 생각해보면 아버지가 탄탄대로라고 믿었던 삶이 수차례 오르막과 내리막을 거듭하다보니 답답한 것이 한두 가지가 아니었을 게다. 하지만 힘들다고 어깨에 짊어진 무거운 짐을 덥석 내려놓을 수도 없는 일. 감춰두었던 속내를 더욱 단단히 여미려고 굳이 멀리까지 가서 바람을 맞으려 했던 것은 아닐까.

어찌되었건 먼 길까지 자전거 바퀴를 힘차게 돌리는 아버지의 모습은 마치 적과 싸우려고 전쟁터로 말을 몰아가는 용맹스러운 장군처럼 보였다. 쉴 새 없이 굴러간 바퀴는 우리 마을과는 너무나 색다른 넓고 큰 세상으로 데려다 주었다. 자전거가 멈춘 곳엔 사람들이 정말 많았다. 도깨비시장이라도 열린 듯 여기저기 신기한 물건들을 내놓았고 그곳에 모여든 사람들이 왁자지껄 무어라고 한참을 떠들어댔다. 우리 마을에 없는 신기한 것들이 너무 많아 내 눈은 휘둥그레졌다. 이발관도 있었고 전파상도 있었다. 그중에 내 발길을 꼭 붙들어 맨 곳은 만화방이었다. 아버지는 내가 보고 싶은 만화를 몇 권 고르라고 하시더니 돈 몇 푼을 주인에게 주고는 장부에 이름을 적어놓고 왔다. 생전 처음 보는 그림책을 안은 내 가슴이 그리 요란하게 방망이질을 해대긴 처음이었다.

그 후로도 아버지는 일이 꼬일 때마다 끊이지 않는 어머니의 잔소리를 피해 "바람이나 쐬러 가자."며 자전거 세워진 곳으로 내 손을 끌었다. 막막하기만 한 생의 변두리를 돌다가 중심을 향한 길로 들어서기 위해 혼자서 얼마나 힘드셨을까 하는 생각은 병원 중환자실에서 갑자기 호흡이 가빠진 아버지에게 의사가 산소마스크를 씌우던 그 순간에 얼핏 머릿속을 스쳐 지났을 뿐이다.

아버지가 부지런히 돌려온 생의 바퀴가 가장 나중에 닿았던 곳이 어디였는지 가늠할 순 없다. 하지만 아버지와 함께 멀리 나가서 맞은 바람은 지금도 내 가슴 한복판을 서늘하게 관통하며 어떠한 어려움에도 절망하지 않는 여문 씨앗 하나를 떨쳐놓고 갔다.

경로당 담벽 흙무더기에 몸이 반쯤 묻힌 폐타이어는 무거운 세상 짐 모두 내려놓고 이제 안식의 땅에 편히 누우신 아버지의 모습과 무척 닮아있다. 삶이란 단지 바람이 우리 곁을 스쳐 가는 것처럼 존재를 느끼지 못하거나 젖은 몸을 말려줄 햇볕이 잠시 내리쬐다가 딴곳으로 옮겨가는 것처럼 무상無相한 것. 어리석게도 나는 주위를 돌아볼 겨를도 없이 폐타이어처럼 엄청난 속도를 내며 앞만 보고 달려왔다. 그리 멀지 않은 인생길, 천천히 가도 늦지 않다는 것을 깨닫지 못하고 정작 소중한 사람을 다 잃은 지금에야 이제껏 내가 인생의 헛바퀴를 굴려왔다는 것을 알게 되었다.

아주 먼 어느 날, 우리가 인연이라 말하던 그 순간도 다 쓰고 나서 바람 빠진 폐타이어처럼 닳아진 허물만 남아 저렇듯 덩그러니 한곳에 쌓일 것이다. 속도를 잃고 몸의 바퀴가 다 닳아 멈추었을 때 비로소 길에서 자유로워진 바퀴처럼, 아버지는 치열하게 살아온 이승의 끈을 놓고서야 세상으로부터 홀가분해지셨다.

비바람에 한결 더 삭아버린 폐타이어의 몸 위에 이름 모를 풀들이 자꾸만 자라난다. 이제 아무것도 가지지 않았지만 저 부드러운 흙들이 감싸고 있는 폐타이어가 새 생명을 움트게 하는 것이다. 죽음은 결국 또 다른 삶을 기약하는 것인지도 모른다. 둥그런 몸을 비집고 든 작은 벌레들이 그들의 아늑한 보금자리를 튼다. 폐기되었으나 아직 죽지 않은 육체가 키워가는 생명들은 내가 꿈꾸어 온 세상, 그 신선했던 공기의 질량만큼 무성하고 쾌활하다.

강변여관

날은 어두워지는데 하룻밤 묵어갈 만한 곳이 눈에 띄지 않는다. 저물어가는 강물로 투신한 노을의 붉은 심장이 물너울 위에 낭자하다. 걷다가 무료해져서 허공에 손을 휘저어 보기도 하는데 아무것도 잡히지 않는다. 고개를 젖히고 하늘을 치켜 올려다 본다. 얼마나 젖었는지 가늠할 수 없는 구름의 무게가 얼굴 위로 철퍼덕 내려앉는다.

가까운 숲속에서 푸드덕거리는 소리가 난다. 일찍이 보금자리를 헤치고 나간 새들이 어두워지자 다시 숲으로 돌아온 모양이다. 하지만 새는 보이지 않는다. 새소리가 새들보다 먼저 도착한 것인가. 아니면 아침에 새들이 떨구고 간 날갯짓 소리만 숲에 혼자 남아 있었던 것일까.

물뱀 한 마리, 강변 둑 길섶에 서성인다. 놈이 움직이지 않앉았다면, 길바닥에 흑갈색의 기다란 끈이 널브러져 있는 것이라 생각하고 냅다 밟으며 지나갈 뻔했다. 살모사나 까치독사처럼 강한 독성은 없다지만 몸 전체에 징글맞은 가로띠 모양의 흑갈색 무늬가 줄지어 있어 놈의 눈과 내 눈이 맞닥뜨린 것만으로도 온몸에 소름이 쫙 끼친다. 아직 뱀이 나올 시기로는 이른데 성급하기는 놈이 내 성향과 닮았다. 흠칫 놀라 뒷걸음치자 저도 뒤늦게 알아챘는지 얼른 갈대 수풀 속으로 미끄러지듯 기어 들어 간다.

언젠가 길벗과 함께 나선 여행길에서 오늘처럼 물뱀을 만난 적이 있었다. 놈은 물에서 나와 둑길 건너편 비탈진 흙벽을 힘겹게 오르고 있었다. 길벗은 이런 상황이 낯설지 않은 듯 물뱀이 길을 잘못 든 것 같다며 숲에 버려진 작은 나뭇가지에 뱀을 칭칭 감아 재빨리 물속으로 던져 넣어 주었다. 이렇게 한적한 길에서는 물뱀조차도 반가워야 할 대상이건만, 놈에게 선뜻 가까이 다가갈 수 없는 것은 겉모습에 대한 선입견에서 쉽게 벗어나지 못한 인간의 옹졸한 마음 탓이리라.

이쯤이면 낡은 여관이라도 하나쯤 있을 법한데 시야에 얼른 들지 않는다. 내게 여유만 좀 있다면 이런 강변에 여관 하나쯤 뚝딱 짓는 것은 일도 아니다. 사위四圍가 금방 어둑어둑해지니 자꾸만 마음이 조급해져 온다.

내 발걸음을 뒤따라오던 흰 낮달이 강변을 걸어오는 동안 어디쯤에선가 붉은 저녁달이 되었다. 저녁밥을 짓는지 시골집 낮은 굴뚝에서 모락모락 오르는 연기를 보면 이승에서 다시는 만날 수 없는 어머니의 모습이 자꾸만 그 위에 겹쳐진다. 무어 그리 서러울 것도 없고, 해가 지기 전에 반드시 숙소로 돌아가야 할 이유도 딱히 없는데 어둑살이 내리면 괜히 코끝이 맵고 눈시울이 뜨거워지며 발걸음조차 바빠지는 건 왜일까.

이렇게 걷다가 운 좋게 싸구려 여관을 만나게 되면 눈 딱 감고 그곳에 한 열흘쯤 머무를지도 모르겠다. 일렁이는 강물 위에 나는 너무도 많은 이름들을 썼다 지웠다. 강변에 여관이 있다면 아마도 이런 일들을 더 이상 하지 않아도 될 것이다. 천 개의 별이 빠져도 꿈쩍 않고 천 개의 달이 빠져나와도 끄떡 않는 물의 가슴은, 이렇게 하루가 가고 또 오며 한 달이 가고, 한 해가 오고, 모든 한살이들이 오고가지만 그런 것쯤은 아무 일도 아니라는 듯 고요히 깊어간다.

손전등 하나에 의지해 얼마를 더 걸었을까. 강가를 따라가며 내가 걸어온 길보다 걸어가야 할 길이 더 많이 남았다는 것을 알게 되었다. 어둠이 물의 정수리를 밀어내는 새벽, 희미한 빛을 받으며 피어오르는 물안개 속으로 모든 소리들이 길을 낸다. 천리향 먼 향기가 바람 끝에 실려 오는 소리가, 이슬이 동그랗게 말려 풀잎을 구르는 소리가, 더워진 물방울이 수면 쪽으로 올라가는 소리가 이제야 들린다. 맑은 어둠살 속에서 사라지는 경계들을 강물이 모두 품고 나직하게 흐르는 것이 이제야 보인다.

누군가 이 강변에 숙박시설을 짓는다면 그리 높지 않은 층수로 지었으면 좋겠다. 그곳을 강변여관이라 이름 붙여준다면 더할 나위 없이 고맙겠지만 나그네가 묵어갈 수 있는 곳이라는 표시만 해두어도 문제 삼을 생각은 전혀 없다. 강변에 지어진 여관에 오래 묵게 된다면 아마도 나는 주인에게 강물의 헤적임을 가까이에서 볼 수 있는 삼층 방을 달라고 부탁할 것 같다. 높지도 낮지도 않는 눈높이에서 바라다보는 강변 풍경은 다른 층보다 한결 아늑함을 줄 것이다.

여장을 푼 뒤 지친 몸을 씻고 나오면 장독 여남은 개 놓여있는 여관 앞마당에는 수수꽃다리 향기가 풀풀 날아오르고 담장 아래 버티고 선 은목서 몇 그루가 못 다한 열망의 가슴앓이를 시작하지 않을까. 어둠은 시나브로 강변을 덮어올 것이다. 그때쯤 나는 희미한 사유의 시간들 속으로 천천히 걸어 들어가 방안에 조그만 촛불 하나를 밝힐 것 같다. 촛불을 켜면 이제껏 내가 걸어온 길 위에서 지은 생生의 업業들이 나무들의 잎맥처럼 선명하게 되살아날지도 모를 일이기에.

이제는 어딘가에서 좀 쉬었으면 하는데 벌써 날이 밝아온다. 강변여관에 오래 묵고 싶다는 소박한 꿈을 접고 오래된 나무 그루터기에 걸터앉는다. 먼 길 걸어온 나그네에게 지금도 걸을 길이 남아있다는 것은 강물처럼 사무치는 그리움에 아직 닿지 못하였다는 전언傳言인가.

애벌레를 꿈꾸며

습하고 무더운 여름이 다가오자 집안에 새까만 나방이 하나 둘 날아다니기 시작했다. 요것들이 어디서 생겨났을까. 설마 하는 마음으로 창고 문을 열자, 하얀 벽면과 쌀자루 주변에 쌀벌레 나방들이 새까맣게 달라붙어 있었다. 아뿔싸! 진작 살펴보았어야 했다. 무법천지가 되어버린 창고 방을 살충제로 진압하고, 쌀자루를 부랴부랴 바깥으로 옮겼다. 나일론 끈으로 단단히 봉해 놓은 쌀자루의 입을 여는 순간, 어느 틈새로 들어갔는지 셀 수도 없는 숫자의 쌀벌레 나방들이 일시에 바깥으로 날아올랐다. 예전에 국민만화라고 할 정도로 인기가 높았던 〈날아라 슈퍼보드〉에서 주인공인 손오공을 제쳐두고 그보다 더한 인기를 누렸던 사오정이 입을 쩍 벌리고 주문을 외면, 그 속에서 어마어마한 숫자의 나방들이 끊임없이 방출되어 악

당들을 아연실색케 했던 일명 '나방 공격'을 떠올리기에도 부족함이 없었다.

놀란 가슴을 억누르고 쌀자루 안을 들여다보니 쌀이 머루송이처럼 오종종 달라붙어 있다. 저 쌀알들을 감싸고 있는 힘은 도대체 무엇일까. 자세히 보니 쌀벌레가 실을 뽑아 쌀알 속에 온통 알을 까놓은 것이었다. 족히 40킬로가 넘어 보이는 쌀자루가 쌀벌레들에게 무차별 공격을 당하고 있다는 사실도 모른 채, 나는 참 무던히도 여름을 보내고 있었던 것이다. 쌀알에서 부화한 애벌레는 잘 발달된 턱으로 종이나 비닐봉지, 심지어는 섬유도 우습게 뚫고 나온다. 좀 더 자라서 나방으로 변태한 쌀벌레는 온 방안을 휘젓고 날아다니며 새까만 몸에서 지저분한 가루를 떨어뜨리기도 하는데 편안하고 포근해야 할 집이 그들로 하여금 삽시간에 혐오스런 공간으로 변하고 만다.

벌레 먹은 그 많은 쌀을 버릴 수가 없어 물을 붓고 쌀알을 빡빡 비벼서 씻어보는데 쌀뜨물 위로 곧 처참한 사체들이 떠오르기 시작한다. 까만색 쌀바구미는 물론, 흡사 가느다랗고 짧은 흰색 실 모양의 쌀 애벌레들이 다시 쌀을 씻고 물을 버릴 때마다 계속하여 미끄럼을 타고 내려온다. 쌀알 한 톨 한 톨마다 저 벌레들이 박혀있다고 생각하니 그만 밥맛이 뚝 떨어진다. 모르면 몰라도 내 눈으로 저 끔찍한 쌀벌레들의 출몰을 목격한 마당에 아무리 배가 고프다 한들 목구멍으로 밥을 넘기기는 힘들 것 같다.

뒤늦은 수습이지만 옥상에다 널따란 돗자리를 펼쳐놓고 쌀을 모두 쏟아 부었다. 강렬한 햇볕에는 못 당하겠던지 숨어있던 애벌레들이 꼬물꼬물 기어 나온다. 마치 전쟁에서 패한 적군의 병사들이 참호 속에서 두 손 들고 하나 둘 투항하듯이 그 무리가 부지기수다.

쌀자루를 통째로 보관할 만한 냉장고가 없으니, 어느 정도의 쌀알은 쌀벌레들에게 양보하는 것이 옳은 것인지도 모르겠다. 가끔 채소 가게에 가면, 상처 없이 잎사귀가 매끈한 열무보다 벌레 먹어 구멍이 숭숭 뚫린 열무를 사들고 온다. 농약을 덜 뿌렸을 것이라는 안도감도 있지만, 제 것을 나누어 남을 먹여가며 살았던 흔적이 보여서다. 저 혼자 배 채우지 않고 조금은 남에게 나눠주며 사는 것이 자연과 자연 사이에 오가는 정일 텐데 쌀자루에 든 쌀벌레를 향한 나의 처신은 한낱 열무 잎사귀만도 못한 한심한 처사가 아닌가 싶다. 상처가 나면 아프고 괴로울 줄 알지만 그것을 참고 이겨낸 사람, 그 고통의 시간을 가만히 견뎌낸 사람에게는 남을 먹여가며 살 수 있는 힘의 원천이 생기게 되는 것인가 보다. 쌀 무덤에서 나온 벌레가 사람이었던 나를 벌레로 만들기는 쉬워도, 하느님이나 부처님이 벌레 같은 나를 사람다운 사람으로 만들기는 몹시도 어려울 듯하다.

빈속에 커피 한 잔을 마시고, 햇볕에 널어 말렸던 쌀을 걷어들인다. 쌀벌레의 유충이 뭉쳐져 있는 번데기에서 쌀알들을 일일이 떨어내다 문득 그 쌀알들이 내 몸의 일부를 이루고 있는 각각의 세포라는 생각이 들었다. 혹시라도 내 몸속, 내 입에서 풀어낸 끈끈한 실에 걸려들어 밥 구실을 제대로 못하는 쌀알은 없을까. 제대로 관리하지 않아서 눅진해진 쌀알들처럼 유난히 감성적인 성향 때문에 자신의 감정 하나조차 조율하지 못하고 즉흥적으로 반응하는 못난 내 모습이 쌀알들 위에 겹쳐진다. 아무런 저항도 못하고 벌레들에게 당하는 쌀알들이 측은하다고 느꼈는데 어느 순간, 나는 그 쌀알들을 갉아먹는 혐오스런 쌀벌레로 변해 있었다.

들판이나 숲속이 아닌 집안을 배회하며 남의 공으로 쌓아놓은 쌀자루만을 탐하는 쌀벌레 나방처럼, 나 또한 더 넓고 낯선 세계로 나갈 생각 없이 그저 편안한 밥을 먹으려 하지는 않았을까. 날개를 달기 위해 남들의 밥을 움켜쥐고 있지는 않은가.

세상엔 많은 애벌레들이 있지만 그들의 나중은 각각 다른 모습이다. 가끔은 내가 벌레만도 못한 존재라는 생각이 들 때도 있다. 그 작고 보잘것없는 벌레도 제 살 집을 짓고 자기 몸집보다 훨씬 더 큰 열매를 먹이저장고로 옮겨가기도 한다. 장난기가 발동하여 나뭇잎에 꼼짝 않고 붙어 있는 애벌레를 손으로 슬쩍 밀어 떨어뜨린 적이 있었다. 벌레는 등걸을 타고 자신이 조금 전까지 붙어있던 나뭇가지를 향해 열심히 올랐다. 미끄러운 나무를 타고 오르다가 몸이 뒤집히고 심지어는 바닥까지 다시 추락하기도 했다. 그러나 또다시 나무 등걸을 올랐다. 끄나풀 하나 없이 맨몸으로 삶의 벼랑을 타오르며 꿋꿋이 버티어내는 그 끈적끈적한 인내에, 내가 먼저 포기하고 애벌레를 원래 있었던 곳으로 옮겨 주고 말았다. 나는 단 한 번이라도 그 벌레처럼 어떤 목표를 향해 목숨을 걸고 올라 본 적이 있었던가.

언제부턴가 내 마음속에 벌레가 산다. 식욕이 왕성한 벌레 때문에 내 속은 한시도 편안하지 않다. 하지만 더욱 한심한 것은 그러한 욕망의 벌레 한 마리라도 마음속에 키우고 있기에 내 삶을 연명할 수 있다는 사실이다. 벌레는 내 속에서 무수한 욕망의 알을 낳고 또 부화시킨다.

한때는 내 삶 자체가 커다란 슬픔의 덩어리 같았다. 걸어간 모든 길의 끝은 낭떠러지였다. 한 발 앞으로 내밀 수도, 뒤로 물러설 수도 없었던 형국에서 내 안의 소리는 바깥으로 뛰쳐나올 수 없었다. 지름길을 두고 먼 길을 돌아 여기까지 왔지만 아직도 내 속에 사는 벌레들을 쫓아내지 못했다. 쌀자루에 빌붙어 사는 쌀벌레들을 체로 걸러내며 이제 내 마음속에 사는 벌레에게 속삭여본다. 비록 두렵고 낯선 길이지만 맨몸으로 오체투지하며 끝까지 가야만 한다고. 찬란한 나비의 날개를 활짝 펼치려면 바람 부는 숲속, 높은 나뭇가지에 매달려 숱한 날들을 무수히 흔들려야만 한다고.

틈새

자정이 가까운 시간인데 벽에 못 박는 소리가 난다. 짐작은 하지만 아랫집인지 옆집인지 소리의 발원지를 정확히 알아내기란 쉽지 않다. 아파트 경비실로 인터폰을 하려다가 일어선 자리에 다시 눕는다. 얼마나 급했으면 이 시간에 못을 쳐야만 했을까.

나도 처음 여기로 이사 왔을 때 무엇 하나 걸 데가 없어 이 방, 저 방을 다니며 서툰 못질을 한 적이 있다. 못의 정수리를 잡고 조심스레 벽의 눈치를 보았으나, 텃새라도 하듯 벽은 사정없이 내 손가락을 쳤다. 못이 파고들지 못한 그 자리엔 벽지와 함께 들뜬 돌가루가 살점처럼 떨어져 나갔다. 벽의 저쪽엔 어떤 강인한 힘이 버티고 있기에 이 조그만 물체의 접근조차도 허락지 않는 것일까.

그 이튿날, 지방에서 늦게 도착한 가족이 어제의 패배에 대신 설욕이라도 하듯 벽에 대못을 쾅쾅 박았다. 차갑고 단단한 벽은 소리 대신 피를 흘리는 듯했다. 고소하다 못해 통쾌하기까지 했다. 진작 순순히 틈을 내주었으면 좋았을 텐데.

지금은 작은 못 하나를 받아들이기 위해 이 거대한 건물 전체가 몸을 떨며 함께 운다. 못이 비집고 들 틈을 마련하려고 간격 잘 맞춰 짜여 있던 벽들이 일제히 제자리를 조금씩 내어주려 하나 보다. 틈을 비집고 든 못의 정수리는 벽의 저편과 소통하는 작은 숨구멍을 트고, 못이 늘려놓은 부피만큼 조금 여유로워진 수직의 건조물은 들숨과 날숨을 몰아쉬며 막혔던 피를 통하게 하였을 게다.

그 집주인도 나처럼 긴요한 무언가를 걸기 위해 이 오밤중에 시끄러운 소음을 내며 무리한 망치질을 감행하였는지도 모르겠다. 벽에 못을 박고 달력을 걸면 그곳에 세월이 정지한다. 이미 지나간 시간과 앞으로 다가올 시간이 달력의 날짜에 압축되어 있다.

그림 액자를 걸며 행복해하던 지난날들이 떠오른다. 액자의 그림 속엔 오월의 보리밭을 흔드는 바람이 있었고 제멋대로 떨어지는 감꽃에 놀라 파르르 날갯짓하며 하늘로 오르는 작은 새들도 보였다. 벽에 걸린 그림을 보며 대자연의 숨결과 섭리를 느끼고 깨달을 수 있었다.

작은 틈 사이로 난 세상이 때로는 사람의 가슴에 우주를 품게도 만드는 것이다. 못의 정수리에 걸려고 했던 것이 혹시 거울이었다면 거울 속에 사람 하나 사는 것은 일도 아닐 것이다.

틈새는 튼튼한 것 속에서 생겨나는 또 하나의 공간이다. 아니 새롭게 태어난 목숨 터다. 서로 힘차게 엉켜 단단히 굳은 철근과 시멘트 속에도 숨통이 트이는 길은 열려 있었던 것이다. 지금은 색 바랜 벽지로 감춰져 있지만 이 거대한 건물의 벽과 벽 사이에는 무수히 많은 틈들이 마치 사람의 핏줄처럼 뻗어 있음이 틀림없다. 아주 은밀하게 숨은 그 선의 폭은 얼마나 느리고 오랜 시간 동안 벌어져 온 것일까.

어떠한 철벽이라도 비집고 들어가 사는 '틈'의 정체는 사실은 실오라기 하나와 같은 허공에 불과하다. 도심의 거대한 빌딩숲 천지에 그러한 틈새마저 없었다면 아마도 사람들은 모두 숨이 막혀 죽어버렸을지도 모를 일이다. 그나마 비집고 들 틈새가 있어 아직 목숨을 연명해 가는 것이 아닐까.

삶의 공간은 너무도 꽉 차 있어서 틈이라고는 찾아볼 수 없지만 사람들은 그것을 충만이라고도 하고 행복이라고 부르기도 한다. 일각의 착오도 없는 시간의 톱니바퀴를 돌며 나는 옆도 뒤도 돌아볼 겨를 없이 반평생을 굴러왔다. 숨이 콱콱 막힐 것 같았지만 그것이 당연한 일이고 내 시야에 든 공간만이 세상의 전부인 줄 알았다. 시간의 저편에 내가 보지 못한 또 다른 세상이 버젓이 존재하고 있음을 알았을 때 나는 몹시

혼란스러웠다. 내가 발 담그고 있던 일상에서 또 다른 세계로 옮겨간다는 것이 한편으론 두려웠다. 하지만 지금의 떨림은 그때와는 분명 다르다. 어쩌면 클립에 끼워진 종잇장처럼, 나 또한 그 시간의 갈림길인 미세한 틈에 슬몃 끼워져 있는 것인지도 모르겠다.

딱딱하게 굳어가는 뇌와 메마른 가슴을 관통하는 못 하나가 있어 내게도 푸른 길이 뻥뻥 뚫렸으면 좋겠다. 길이 나서 내 안으로 흘러든 시간들이 강한 물살처럼 휘돌아, 지난했던 삶의 찌꺼기들을 싹쓸이해 가버렸으면 좋겠다. 날마다 흔들리고 설레고 아픈 것이 생의 모습이라면 생긴 그대로 바라보고 그것과 한 몸이 되는 것도 좋겠다.

미세하게 벌어진 틈새에는 그 크기에 꼭 맞는, 혹은 그보다 작은 생명체가 숨어 살기도 한다. 틈새를 만들기 위해 저 거대한 건물들이 제각기 옆을 조금씩 내어주는 것처럼 사람들도 제 곁을 조금씩 내어준다면 그 틈이 빈 공간이 되고 빈 공간은 또 다른 생명체의 삶터가 될 게다. 어둠 속에 제 몸을 찌르고 든 못과 한통속이 되어 뒤엉키는 벽처럼, 살점이 좀 떨어져나가면 어떤가.

아파트로 이사를 할 때마다 다음엔 좀 더 넓은 평수로 옮겨가길 바라는 나였다. 하지만 오늘은, 벽에 못을 박고 희망을 거는 이웃을 위해 좀 더 너그럽게 마음 평수 넓히는 일로 묵언수행하며 밤을 지새운다.

딱새와 유리창

가끔 우리 집 유리창에 산새들이 날아와 부딪쳐 죽는다. 창문 안쪽에 바투 심은 수세미가 가늘고 연한 덩굴손을 뻗어 창가를 타고 오르는데, 아마도 새들은 그 사이에 투명한 벽이 있다는 사실을 알지 못하고 쏜살같이 날아들다 그만 변을 당한 모양이다. 들판도 아닌 이곳에 와서 작은 씨앗이라도 쪼아 먹으려 한 걸까. 아니면 눈부신 햇살의 곳간에 저들도 함께 들앉고 싶었던 것일까.

누군가는 유리창에 세 들어 사는 앞산 그림자 때문이라고도 하고, 숲속에서 발효된 열매를 쪼아 먹은 새들이 음주비행을 해서일 거라고 말들 하지만, 하늘을 날고 싶은 유리창이 새들을 꼬드겼다는 풍문이 한층 더 설득력이 있을 것 같다.

엊그제 반쯤 읽다 덮어둔 소설을 다시 읽고 있는데 뭔가가

"퉁"하는 소리를 내며 창문에 부딪히더니 곧 아래로 떨어지는 듯한 기척이 났다. 산책길 삼아 걷는 담장 아래, 새의 날갯죽지 같은 것이 설핏 보인다. 흑갈색의 작은 몸집이라 자세히 살피지 않으면 그저 낙엽뭉치거니 하고 무심코 지나쳐 버리기 십상이다. 창문에 부딪쳐 억울하게 죽은 딱새는 얼마 지나지 않아 작은 새로 다시 태어날 것만 같다. 어릴 때 만화에서 보았던 투명인간처럼 다시 태어난 새들은 유리창을 자유롭게 통과하며 살았으면 좋겠다. 유리창뿐만 아니라 신록이 푸르른 앞산도, 밤하늘에 얼어붙은 달도 마음껏 뚫고 날아다녔으면 싶다.

저물 무렵, 파로호에 선다. 이곳 강원도로 옮겨오기 전에는 하늘에 오른 새들의 무리가 어떻게 먼 길을 떠나는지, 언제 눈 쌓인 들녘을 건너가고 노을 빛 속을 뚫고 들어가는지 알지 못했다. 아니, 그런 것엔 도통 관심이 없었다고나 할까.

하늘과 강이 맞닿은 곳에 엷게 펼쳐진 햇살과 철새들의 군무가 어우러진다. 마치 공설 운동장 응원석에서 부드럽게 출렁이는 카드 섹션을 보는 듯하다. 어마어마한 흰 도화지가 펼쳐진 하늘에 회색빛으로 반짝이는 저 수많은 색종이들. 공중에서 펼쳐지는 새들의 화려한 공연을 넋이 나간 듯 바라본다. 활개 치며 힘차게 날아오른 새들의 장엄한 울음소리는 어디서부터 시작된 것일까. 문득 차가운 시베리아의 바이칼 호수가 머릿속에 떠오른다. 광활한 시베리아의 초원과 호수를 저 새들의 날갯짓과 울음소리가 뒤덮었으리라. 어찌 그들의 춤을 단순한 몸짓으로만 여길 수 있으랴.

다 여문 수수밭을 떠나지 못하는 바람처럼, 나는 그들의 마지막 행렬이 저 멀리 아득해질 때까지 그 자리에 망부석이 되어 있었다. 새들도 저렇듯 먼 길을 오가며 온갖 풍상을 겪을 터, 아직 생의 반환점에도 닿지 못한 내 삶이 그저 순탄하기만을 바란다면 지나친 욕심이 아닐까. 공중을 죄다 점령할 듯 거침이 없는 새들이지만 오직 날갯짓만 할 뿐, 그들은 하늘에 새로 길을 내지는 않는다.

늦은 저녁밥을 먹고 창을 통해 바깥을 본다. 커다란 액자 같은 유리창으로 밤하늘이 가득 안겨든다. 네모난 액자 속에 들어온 달빛과 별빛이 서로 어우러져 마치 동화 속의 그림처럼 맑고 고요하다. 세상에서 가장 오래된 사랑 이야기가 있다면 그것은 아마도 '별 이야기'일 것이다. 오랜 세월 동안 별을 바라보며 살아왔던 내게, 어둔 밤하늘은 그리 낯설지 않다. 오일장에 산나물 팔러 가신 어머니가 돌아올 시간이 언제쯤일까 별을 세며 점쳤고, 멀리 떠난 임이 사무치게 그리울 때도 별을 보며 긴 편지를 썼다. 쉽게 아물지 않는 생의 아픔과 번뇌에 속절없이 눈물만 흐를 때도 밤하늘을 올려다보면 별은 그곳에서 밝게 빛나고 있었다. 그런 날, 별들마저 나와 주지 않았다면 상처받은 내 마음은 누구에게 위로받을 수 있었을까.

가끔은 밤하늘을 올려다보는 아이들의 눈동자 속에서 유난히 반짝이는 별들을 만나게 된다. 아이들은 저마다 그들의 별을 보며 꿈을 키워갈 것이다. 하지만 그 아이가 자라 어른이 되면 별은 그들을 떠나게 된다. 마음이 황폐해지고 짙은 안개와 먹장구름, 천둥과 번개가 별들의 자리에 대신 남을 뿐. 그래도 사람들이 절망하지 않는 이유가 있다면 그 아이 대신 또 한 아이가 세상에 다시 태어나기 때문일 것이다.

아직도 내겐 이루지 못한 꿈들이 남아있다. 나이를 아무리 먹어도 내 눈동자 속에 어린아이 때의 그 별빛이 오래도록 머물러주었으면 한다. 창을 통해 바라본 풍경들은 저마다의 가슴에 꿈과 노래를 지니고 있을 거라는 생각에 닿을 즈음, 술에 취해 비틀거리던 한 사내가 전봇대와 씨름을 하며 고래고래 소리를 지르는 통에 그 아름답던 밤풍경이 그만 액자 바깥으로 냅다 줄행랑을 놓는다.

"어디 노상방뇨라도 하기만 해 봐."

다른 날 같으면 눈을 부릅뜨고 바깥을 지켜보았을 유리창이 오늘은 왠지 수상하다. 아무래도 오늘밤은 편안히 잠들긴 틀린 것 같다. 새가 되고 싶은 유리창이 날개를 달고 밤새 먼 곳으로 훨훨 날아가버려, 이불 속까지 찬바람이 숭숭 기어드는 휑한 아침을 맞게 될까 슬며시 걱정이 앞선다.

원조 해장국집
소심한 복수대행업체
카프카적 귀가
지퍼에 대한 단상
칼끝으로 사과를 먹다
어느 날 문득
구두 길들이기
빈집이 환하다
닭들은 날아본 기억이 있을까
백살공주

원조 해장국집

지난 하루의 고단함이 비 젖은 전봇대에 기대있다. 작은 우산 하나에 얼굴만 집어넣은 덩치 큰 아이들이 뭐가 그리 좋은지 빗물을 튀기는 장난을 하며 우르르 몰려다닌다. 일방통행길로 잘못 들어선 차의 뒷걸음에 무거운 세상은 저만치 밀려나고, 나는 약속시간이 한참 지나도 오지 않는 한 사내를 기다린다. 서둘러 골목길을 빠져나가지 못한 차바퀴에 달려온 길이 황급히 되감긴다.

얼굴보다 걸음새로 자신을 알아채게 하는 남자. 우산도 없이 골목 끝에서 느릿느릿 걸어온다. 간밤의 나른함을 털고 일어선 사람들이 덜 깬 취기를 다스리기 위해 해장국집의 이른 아침을 두드린다. 먹고 살려고 온종일 일한 뒤 밤늦도록 술 마셔서 속 쓰린 가장을 위해 아내 대신 해장국집 주인이 마른 황태의 몸통을 팍팍 두들겨서 해장국을 끓인다. 인제군 북면 용대리 황태덕장에서 한겨울 모진 추위에 눈도 못 감고 입도 못 다문 채, 얼어 죽은 황태가 여기 와서 또 한 번 죽어나간다.

오래전에 찾아와 먹었던 속 시원한 해장국집을 다시 찾기가 그리 녹록지 않다. 줄줄이 늘어선 가게마다 모두가 자신이 '원조'라며 앞 다투어 간판을 내걸어 놓았기 때문이다. 다닥다닥 붙어있는 해장국집들의 중간쯤이었으리라. 골목 끝에서 걸어온 그와 눈빛을 맞추고 내가 먼저 가게 문을 밀고 들어간다.

뒤따라 들어온 남자의 눈이 퀭하다. 먼지와 땀에 절어 후줄근해진 점퍼는 그가 부대껴 온 일상을 대신 말해준다. 담배 한 개비를 태워 무는 동안 그는 허공을 몇 번이나 움켜쥐었다 놓는다. 꽁초를 비벼 끈 오른손이 심하게 떨린다. 수전증도 아닐 텐데 혼자서 얼마나 속을 태웠으면 저 모양이 되었을까. 그는 소주 한 병을 시켜 제어되지 않는 손 떨림을 막아보려 황급히 따른 술을 목구멍 속에 털어넣는다.

오랫동안 사업을 하면서 겪어온 자금 압박 같은 것은 아마도 이골이 났을 터다. 하지만 철석같이 믿었던 친구에게 배신을 당해 어느 날 갑자기 망망대해에 고독한 섬이 되어 떠있는 그의 심정은 어떤 말로 위로가 될까. 날마다 계속되는 채권자들의 빚 독촉에 아침에 눈 뜨는 것이 두려웠을 그의 모습을 보니 정작 내가 하려 했던 말들은 목구멍 안으로 쑥 들어가 버리고 만다. 숱한 세월을 함께 겪어온 덕에 이젠 더 이상 감출

것도 드러낼 것도 없을 만큼 서로의 허물을 잘 아는 사이가 된 지금, 그저 침묵만이 그의 마음을 다독일 수 있을 듯하다.

더운 김이 얼굴에 확 끼쳐오는 해장국을 앞에다 두고 나는 아무 말도 건네지 못한다. 울컥대는 가슴 속의 말들을 억누르고 급히 삼킨 뜨거운 국물에 입천장이 훌러덩 벗겨져도 내색조차 할 수가 없다. 언젠가 이 집을 바로 찾지 못하고 애먼 곳에 가서 입에 맞지 않는 해장국을 먹었을 때처럼 콩나물이 설익어 비린내가 난다느니, 해장국에 날계란이 들어있지 않다느니 하는 푸념조차 지금은 늘어놓을 수가 없다. 진정 원하는 것이 무엇인지 그의 속내를 꿰뚫고 있지만 그에게 어떤 도움도 줄 수 없다는 사실에 가슴이 미어질 듯하다. 차라리 이럴 때는 주인장의 손에 길들여져 옹골진 칼칼함으로 날선 취기를 다스려주는 황태해장국으로 거듭 나서 그의 쓰라리고 아픈 속을 풀어주는 편이 훨씬 낫지 싶다.

온몸의 마디마디마다 시린 빗줄기로 박혀오는 이십 년 노동의 세월. 보이지 않는 유리벽처럼 가장인 그가 부대껴 온 일상은 맨몸으로 오르기 힘든 높고 험난한 산이었을 게다. 그는 지금 지나가버린 시간의 거미줄에 매달려 있다. 또 어두운 미래를 두려워하며 아직 오지도 않은 시간을 가불해 쓰고 있는지도 모른다.

해장국집을 나와 골목길을 나란히 걷는다. 작은 우산으로 함께 비를 피하다보니 우산을 쓰지 않은 것과 다름없는데 비에 젖은 몸이 초라해질 정도로 작아져버린 우리는 안팎이 몹시도 닮아 있었다. 그의 어깻죽지에 떨어지는 빗방울만 툭툭 쳐내어 줄 뿐, 마음속에 감춰둔 말은 끝끝내 하지 못한다.

골목 끝까지 걸어 나와 꽃가게 앞에서 버스를 기다린다. 일부러 바깥에 내놓은 듯한 수련이 우중에도 하얀 꽃대를 피워 올렸다. 수련 잎에 빗방울이 떨어지는 광경을 무심히 바라본다. 빗물이 고이면 수련 잎은 한동안 물방울의 유동으로 일렁이다가 수정처럼 투명한 물을 미련 없이 쏟아버린다. 그 물이 아래 수련 잎에 떨어지면 거기에서 또 일렁이다가 또르르 몸을 말아 물 담긴 그릇으로 다시 떨어낸다. 그 광경을 가만히 지켜보다가 잠시 멈춘 숨을 길게 내쉰다. 수련 잎이 욕심대로 빗방울을 다 받아들였다면 마침내 잎이 찢기거나 줄기가 꺾여버리고 말았을 게다. 하찮게만 여겨졌던 저 연잎도 자신이 감당할 만큼의 무게만을 싣고 있다가 그 이상이 되면 비워버린다는 것을 나는 여태껏 깨닫지 못하고 살아왔다.

어찌 보면 그가 이토록 불안하고 슬픈 이유 또한 자신이 감당하지도 못할 무거운 짐을 혼자 등에 지고 왔기 때문이라는 생각이 든다. 이제 그도 수련 잎처럼 견뎌낼 만큼만 남겨두고, 감당치 못할 인생의 무게는 그만 아래로 내려놓았으면 한다. 모순투성이인 어설픈 삶이지만 간밤의 숙취를 펄펄 끓는 해장국 한 그릇으로 풀어내듯, 꼬여버린 인생의 실타래도 하나씩 풀어나갔으면 싶다.

지난밤의 폭음이 아직도 속을 뒤집는지 그의 표정이 조금 일그러진다. 눈가로 주름이 자글자글 잡힌다. 젊었던 날, 패기에 넘쳐 언제나 자신만만하고 당당했던 그의 모습은 도대체 어디로 잠적해 버린 걸까. 식어버린 가슴이 그나마 뜨거운 해장국 한 그릇에 데워지기라도 한 듯 그의 입가에 잠시 쑥스러운 듯한 미소가 번진다. 어쩌면 우리가 그토록 찾아 헤매는 꿈이나 진실, 혹은 정의라는 것은 모두가 '원조식당'이라고 이름 붙인 그 많은 해장국집 간판 중에 과거를 슬쩍 감추고 있는 것은 아닐까. 이름이 바뀌었어도 그 바닥에 아는 사람들은 다 알고 찾아가듯이, 스스로 바른 길을 찾아서 들어가야만 만날 수 있는 또 다른 모습의 얼굴인지도 모를 일이다.

소심한 복수 대행업체

건당 만 원의 수수료만 받습니다. 피의뢰인을 깊은 산속 으슥한 곳에 목만 남기고 파묻은 뒤 스멀스멀 짙은 어둠이 밀려오면 장비를 모두 챙겨 철수해버린다든지, 다리를 묶은 다음 무거운 돌덩이를 매달아 부산 앞바다에 던져버린다든지 하는 대범한 복수는 전문 해결사에게 의뢰하시기 바랍니다. 일상생활에서 쉽게 할 수 있는 좀 더 현실적이고 소심한 복수만을 대신해 드립니다.

소심한 복수는 절대로 티가 나지 않아야 하며 누가 보아도 흔히 발생할 수 있는 일이라는 생각이 들게끔 자연스럽게 이뤄져야 합니다. 복수라고 해서 상대방에게 정말 큰 피해를 주게 된다면 그것은 범죄와 다를 바 없기 때문입니다. 만에 하나 있을지도 모르는 상대방의 보복에 대비하여 의뢰인의 신분은 철저히 보장되며 복수의 방법은 의뢰인과 충분한 상담 후 가장 속시원한 해결책을 선정하여 곧바로 작전에 투입됩니다.

복수의 종류에 따라 수수료가 조정될 수 있습니다. 예를 들면 피의뢰인 신발 납치를 위해 비밀리에 잠입한 음식점의 식대 및 약간의 음료수 값이 추가될 수 있습니다. 피의뢰인이 벗어둔 신발의 위치와 적절한 납치시점 등을 판단하기 위해서는 현장에 직접 투입되어야 하므로 간단한 식사를 하면서 호시탐탐 기회를 엿보아야 하기 때문입니다. 이 방법이 식상하다면, 피의뢰인이 벗어놓고 들어간 구두 속에 잘 익은 은행 열매를 몰래 집어넣고 냅다 줄행랑을 치는 방법도 있습니다. 소갈비를 맛있게 뜯고 나와 무심코 신발에 발을 넣는 순간, 뭔가 물컹한 것이 밟힐 것이고 곧이어 짓물러 터진 은행열매의 구린내로 피의뢰인은 당장 구두를 벗어던지지 않을 수 없게 될 것입니다.

또 다른 경우, 의뢰인의 애인을 가로챈 친구가 사이좋게 영화티켓을 끊었다는 정보를 입수하면 두 사람이 앉은 극장에 잠입합니다. 그들의 시야를 방해하기 위해 챙이 넓은 모자를 쓰고 이리저리 목 돌리기 운동을 부지런히 해야 하는데 이때 드는 비용은 의뢰인이 지불하셔야 합니다. 반드시 피의뢰인이 앉은 바로 앞자리의 티켓이 필요하므로 그 자리를 누군가가 선점하고 있다면 조금의 웃돈이 필요합니다. 모자 구매 비용, 그 외 팝콘과 콜라 구매를 위한 약간의 실비가 추가된다는 것을 염두에 두시기 바랍니다.

직장에서 과장님이 의뢰인을 가만두지 않으십니까. 선불리 덤볐다가는 가뜩이나 취업하기 어려운 이때에 잘리기 십상, 여기에는 약간의 위험수당이 붙습니다. 또한 이런 종류의 복수는 저희와 의뢰인의 은밀한 공조체제와 첨단의 통신체계가 구축되어야 가능합니다. 의뢰인은 일단 사무실로 들어가 현재의 상황을 정확히 이곳으로 전송해주시고 휴대폰은 항상 켜두시기 바랍니다. 우선 남보다 조금 먼저 출근하여 과장님 책상 위에 놓인 유선전화기 줄을 마구 꼬아놓으십시오. 그리고 좀 떨어진 회사전화로 과장님 직통전화를 울리십시오. 과장님이 받으시면 바로 끊고, 또 전화를 걸어 받으면 끊기를 몇 차례 계속하십시오. 아마도 과장님 엄청 열 받으실 겁니다. 게다가 비비꼬인 전화선까지 풀려면 짜증 제대로 나서서 송수화기를 던져버릴지나 않을까 걱정입니다. 약이 바짝 오른 과장님과의 안전거리 유지는 필수이고요. 컴퓨터 키보드에 과자부스러기 떨어뜨려놓기, 책상 밑 무릎 닿는 부분에 씹던 껌 붙여놓기, 커피 타 오라고 할 때 아직 덜 끓은 미지근한 물을 붓고 지저분한 먼지를 잔뜩 묻힌 손가락으로 휘저어 갖다 드리기 등, 복수의 방법은 무궁무진합니다. 그러나 자칫하면 들키기 쉬우니 인사는 꼬박꼬박, 항상 웃는 모습 보여주기, 나는 당신에게 아무런 불만이 없으며 늘 존경하고 있다는 마음을 시시때때로 보여주어야 의뢰인을 100% 신뢰하게 됩니다. 단체 회식 때에 큰 소리로 "과장님 오늘 기분 좋으셔서 회식비 다 내신답니다." 라고 공개발표하면 어쩔 수 없이 꽉 다문 지갑을 열어야 되겠지요.

아침에 출근하려는데 얌체 주차족의 차가 의뢰인 차 앞을 가로막고 있다고 칩시다. 연락처도 남겨놓지 않고 사이드 브레이크까지 바짝 위로 당겨놓았을 때 어떻게 하면 속시원한 복수를 할 수 있을까요. 생각 같아선 타이어에 마구 펑크를 내놓고 싶지만 우린 티내지 않게 일처리하는 소심한 복수의 전문가들이니까 이렇게 진부한 방법은 사용하지 않습니다. 우선 문방구에 가서 강력 본드를 사온 뒤 앞 유리 와이퍼에 골고루 펴 바릅니다. 가끔 내 차인 양 얌체족 차의 문짝을 걸레로 한 번씩 쓰윽 쓱 닦아주는 센스도 발휘하면서 말입니다. 본드가 좀 남으면 앞 유리에 케첩 뿌리듯 몇 번 돌려가며 기초 작업한 뒤 화단에 있는 흙을 한 움큼 쥐어 바람 부는 방향대로 흩뿌려 주기만 하면 복수가 끝납니다. 이 친구, 나중에 와서 현장을 보고 앞유리 와이퍼를 작동시킬 건 뻔한 일, 그 다음은 본인이 알아서 하게 그냥 내버려 두시면 됩니다. 앞 유리에 들러붙은 강력본드의 흔적을 완전히 제거하려면 반나절은 족히 걸리지 않을까 판단됩니다.

혹시 학교에서 이유 같지 않은 이유로 의뢰인을 괴롭히는 불한당이 있다면 당연히 복수의 대상에서 빠뜨릴 수 없겠지요. 그중에 한 명이 화장실에 들어가는 것을 목격한 다음, 의뢰인이 제공하는 액체 또는 분말로 피의뢰인이 앉아 있을 법한 위치에 정확히 투척합니다. 재료로 쓰는 액체와 분말은 뒤처리가 좀 힘들긴 하지만 인체에 위험하지는 않습니다. 맹물에 식초를 좀 강하게 타거나, 시각적인 효과가 확실한 밀가루 정도로도 소심한 복수는 충분합니다. 1분 이내에 우리는 화장실에 들어간 사람이 내지르는 외마디 비명소리를 반드시 듣게 될 것입니다.

또한 결혼 적령기의 의뢰인이 맞선을 보았는데 상대방이 무시하며 퇴짜를 놓았을 때 그 어이없는 기분을 잘 아는 저희가 또 가만히 있을 수는 없지요. 의뢰인을 무시했던 상대방이 다른 사람과 맞선보는 장소에 가서 최대한 그들과 가까운 좌석에 자리를 잡습니다. 물론 그 사람이 눈치 채지 못하게 의뢰인 쪽도 맞선을 가장하여 미리 각본을 짠 상대방과 함께 앉습니다. 그런 다음, 그들이 자기 소개를 하거나 집안 자랑을 늘어놓으면 말끝마다 "거짓말."이라고 크게 외치는 겁니다. 아마도 두 사람은 오래 앉아 있지 못하고 그 자리를 속히 떠나게 될 것입니다.

의뢰인의 어떠한 문제라도 적극적인 대안을 마련하여 다양하고 소심한 복수를 대행하고 있으니 문제가 생기면 주저하지 마시고 저희 회사로 전화만 주시면 됩니다. 뒷감당은 저희들이 모두 알아서 하고 만약의 경우에 있을지도 모를 피의뢰인의 법정 소송까지 미연에 방지하기 위해 피의뢰인에게 절대로 들키지 않는 '36계 초스피드 줄행랑 시스템'을 가동하고 있습니다.

오늘도 혼자 힘으로는 어찌해 볼 방법이 없어 복수의 칼날을 갈며 속만 부글부글 끓이고 있는 이 땅의 수많은 소심남녀를 위해, 본 대행업체는 역사적 사명을 다할 것을 굳게 다짐하며 여러분의 전화를 기다립니다. 지금 바로 전화 주십시오. 언제라도 즉시 달려가겠습니다.

—소심한 복수 대행업체— ☏ 1588-00XX

버스를 타고 가다가 먼저 앉았던 누군가가 두고 내린 듯한 책 한 권을 발견한다. 위의 글들은 그 책갈피에 꽂혀있는 메모지 한 장에 촘촘히 박아 넣은 듯 작은 글씨로 씌어 있었다. 광고 문구가 이색적이라 혼자서 속웃음을 키들거렸다. 정말 이런 사업을 하는 사람도 있을까. 누군가가 장난처럼 쓴 글이겠지만 몇 번을 거듭하여 읽고 또 읽었다. 시답잖은 소리라고 몇 줄 읽다 덮어버릴 수도 있었을 텐데 정작 그러지 못했던 이유는 내 마음속에도 이런 소심한 복수를 해야 할 대상이 있어서였을까. 혹시라도 나중에 그런 사람이 생긴다면 여기 적힌 대행업체에 전화를 하는 소심한 의뢰인이 바로 나일 수도 있을 거라는 엉뚱한 생각이 들어서인가.

실존 여부를 알 수 없는 사업체명과 전화번호를 두고, 나는 한동안 갈등을 겪었다. 이런 속마음을 누군가에게 들키기라도 할까봐 삐져나온 광고 문구 메모지를 바지 뒷주머니에 슬며시 구겨 넣는 나 또한 이 땅의 소심남녀 중 한 사람임은 틀림없는 사실인 듯하다.

카프카적 귀가

이것을 눈부신 고립이라 말할까. 아무 일 없을 것이라던 기상청의 예보를 비웃기라도 하듯 밤사이 폭설이 내렸다. 눈은 겨울을 다 묻어버리고도 그 위에 겹겹이 쌓였다. 어쩔 수 없이 차를 두고 걸어서 출근해야 한다. 저 멀리 설원을 배후로 둔 낡은 삼층 건물 한 채가 기차 떠난 간이역처럼 외로이 남아, 지붕 위 눈 무덤의 무게에 앙버티고 서 있다.

눈을 뒤집어쓴 본부 건물을 들어서니, 낡은 건물보다 내가 먼저 무너질까 걱정스럽다. 사무실 책상 한쪽에 어제 못다한 일들이 수북이 쌓여있다. 컴퓨터 화면엔 집달리의 재산 차압 딱지처럼 포스트잇이 여기저기 들붙어 있다. 메모된 내용은 상급부서의 문서 회신 독촉이다. 손이 보이지 않을 만큼 부지런히 움직여야 떡시루처럼 쌓아올려진 서류철의 높이를 조금이나마 낮춰갈 수 있을 것이다. 수십 통의 민원전화를 받아 일일이 친절하게 답변하고, 잘 지켜질지 알 수는 없지만 희망적인 약속 일정을 전송한다.

오후에 인사과에서 내년도 인사 계획을 게시판에 올려놓았다. 사람들이 커피 자판기 앞에 모여 수군거린다. 나이도 먹을 만큼 먹었는데, 연고지를 떠나 먼 곳으로 발령을 받는다는 것은 어지간한 모험심이 없고는 받아들이기 힘들다. 누군가가 어떤 한 사람을 거론하고는 손으로 목을 치는 시늉을 한다. 그 옆에 섰던 사람이 거든다.

"할 만큼 해먹었잖아. 더 이상 버틴다면 양심도 없는 사람이지."

게시판에 자신의 이름이 없는 것을 확인한 사람들은 안도의 한숨을 내쉰다.

요즘의 인사이동은 한 치의 머뭇거림도 없이 속히 진행된다. 어영부영하다가 윗사람이 바뀌어버리면 거의 마무리되어 가던 일도 처음부터 다시 시작해야 할 경우가 생긴다. 결재서류를 들고 상급자의 집무실로 향한다. 한 사나이가 침묵보다 깊은 고뇌에 잠겨있다. 조금 전에 입방아에 오른 사람, 더 이상 버티려고 했다가는 양심조차 없어질 그다. 작년에 음주운전으로 징계를 받았다. 나이 마흔에 상처喪妻를 하고 십여 년간을 홀아비로 살았다. 아직 대학교에 다니는 자녀가 둘이나 있으며, 병중에 계신 노부모를 모시고 산다고 했다. 하지만 세상은,

그가 왜 음주운전을 해야만 했는지 한번쯤 되돌아 봐줄 용의가 전혀 없다. 어떤 상황에 처하더라도 공직자로서의 올바른 자세를 지키지 못한 그를 냉혹한 잣대로 평가할 뿐이다.

갑작스런 정전으로 집무실의 불이 나간다. 어두울수록 빛나는 안경알 속, 그의 눈가가 사뭇 젖어있는 듯하다. 등을 구부정하게 수그리고 결재서류를 훑어가는 손이 오늘따라 유난히 심하게 떨린다. 서명을 하고 말없이 돌아앉는 그의 모습이 마치 항구에 오래 묶여 삭아버린 거룻배 같다.

어수선한 분위기를 무마해보려는 듯 저녁에 회식이 있다는 처부장의 전달사항이 있었다. 아마 인사이동으로 마음 착잡해진 이들을 위로하는 자리이리라.

체질상 잘 마시지도 못하는 술을 윗사람과 동료들의 권유에 의해 억지로 마시다보니 뱃속은 한 판 전쟁을 치른다. 화장실에 가는 척하고 슬그머니 자리에서 일어나 회식 장소에서 몰래 빠져나온다.

몸은 이미 균형을 잃은 지 오래다. 택시도 오지 않는다. 그나마 다행스럽게 아침엔 운행하지 않던 버스가 내 앞에 멈춰 선다. 빨리 타려는 뒷사람에게 떠밀리다시피 버스에 오르니, 내 걸음걸이로 보아 만취한 상태인 걸 알았는지 눈치 빠른 학생이 좌석을 양보하고는 멀찌감치 선다.

오늘 하루는 너무 피곤하다. 좌석이 없다면 바닥에라도 퍼질러 앉아야 할 판이다. 쓰러지듯 의자에 앉다가 유리창에 머리를 심하게 부딪쳤다. 깨어질 듯한 두통과 함께 아까부터 메스껍던 속이 자꾸 울렁거린다. 의자 아래서 뿜어 나오는 히터의 열기가, 바닷물에서 나온 지 오래된 해삼처럼 온몸을 축축 늘어지게 한다. 저절로 눈이 감긴다.

어느 순간, 버스 뒤쪽에서 귀에 익은 목소리들이 들려와 고개를 돌린다. 우리 가족들이 버스 뒤쪽 긴 의자에 나란히 앉아 있다. 아버지와 어머니의 모습도 보인다. 흐릿한 기억이지만 두 분은 이미 오래전에 이승의 끈을 놓으셨는데, 이 버스에 왜 타고 있는 건지 도무지 알 수가 없다. 뒤에 앉은 가족들이 나를 발견한 건 한참 뒤였지만, 이런 상태로 그쪽으로 옮겨갈 수도 없고 가족들 또한 눈빛으로만 알은체를 한다.

부모님과 동석한 오빠와 동생이 TV를 보면서 박장대소한다. 몹시 소란스럽다. 다른 승객들도 뒤섞여 있었지만 그들은 전혀 우리 가족들을 의식하지 않는 듯하다. TV보기가 지루했는지 동생이 중국집으로 전화를 한다. 탕수육, 팔보채, 유산슬을 주문하고도 모자라 덤으로 군만두까지 보내라고 한다. 달리는 집에다 밥상을 차리고 식사까지 할 모양이다. 창피한 생각이 들어 가족들을 말려 보려 했지만 몸이 말을 듣지 않는다. 곧바로 다음 정류장에서 중국집 배달부가 철가방을 들고 올라와 '중국요리 시키신 분'을 찾는다. 그래도 승객들은 괘념치 않는다.

가족이 식사를 하는 동안, 달리는 집은 계속 덜컹거린다. 속이 다시 울렁거렸지만 눈을 질끈 감고 꾹 참는다. 바퀴 달린 이상한 집은 한참을 달려가더니 어느 정류장에서 흰 가운을 입은 의사를 태운다. 때마침 식사를 마친 오빠가 그를 내게로 데려와서 말했다.

"요즘, 네 얼굴색이 하도 좋지 않아 일부러 수의사를 불렀다."

며칠 전에 왼쪽 가슴께가 자꾸 아파서 병원에 한 번 가야겠다고 얘기는 했었지만, 여기까지 의사를 부를 줄은 몰랐다. 그런데 오빠가 잘못 이야기한 건가. 수의사라니. 내과 의사들이 모두 폐업이라도 해버린 걸까. 이상한 일이었지만 내가 술에 취해 잘못 들었으려니 했다. 어찌되었건 내 건강을 생각해준다는 건 고마운 일이었다. 다만, 가족들이 어제와는 확연히 다른 눈빛으로 나를 바라보고 있다는 것이 조금 마음에 걸렸다.

젊은 수의사는 가족이 식사를 하던 식탁에 나를 번쩍 들어 눕혀놓고는 청진기를 이곳저곳에 댄다. 병원에 갈 때마다 항상 느끼는 것이지만, 나보다 더 젊은 의사가 진찰을 하면 뭔가 좀 꺼림칙하다. 그가 아무리 좋은 의과대학을 나왔고 그 분야의 전문가라 해도, 단지 젊다는 이유 하나가 진료결과에 대해 반신반의하게 만드는 것이다. 지금도 마뜩잖지만 가족의 성의를 봐서 싫은 티를 낼 수는 없다. 그는 차가워 보이는 금테 안경을 콧잔등 위로 밀어 올리며 혼잣말처럼 되뇐다.

"심장 박동 수가 현저히 떨어지고 있군."

잠시 뒤, 그는 가족들에게 엄청난 금액의 수술비를 청구하고는 얇은 고무장갑을 낀다. 그리고는 가져온 가방에서 수술도구 같은 것을 꺼내어 가슴 부분을 절개한다. 너무도 순식간에 일어난 일이라 어디가 어떻게 잘못되었는지 물어볼 겨를조차 없다. 마취도 않은 채 절개된 가슴 속에서 붉은 허파가 헐떡인다.

달리던 집이 너무 요동치는 바람에, 애송이 의사의 수술용 칼이 결국은 오른쪽 심장을 다치게 했다. 손상된 심장에서 붉은 피가 마구 솟구쳐 오른다. 때마침 운전기사가 미끄러운 길에서 급브레이크를 잡아 한꺼번에 앞쪽으로 쏠린 승객들이 내지른 소리에, 고통으로 일그러진 나의 외마디 비명은 어설프게 묻혀버리고 만다.

가족들은 간단히 치료하면 될 줄 알았던 내가, 큰 수술을 받게 되자 의사에게 지불할 돈을 어떻게 마련할 것인가에 고심하고 있는 듯했다. 오늘은 정말 가족들이 이상하다. 이제껏 가족의 모든 생활비를 내가 번 돈으로 써왔는데 새삼스레 왜 저러는지 알 수가 없다. 내가 못 미더운 걸까. 일흔이 훨씬 넘은 아버지는 내일부터 막노동이라도 해야겠다 하고, 관절염으로 걷기조차 힘든 어머니까지 파출부로 나갈 거라 한다. 오빠와 동생도 새로운 취직자리를 찾아볼 참인가 보다. 모든 것이 혼란스럽다. 침체된 경기 탓에 가족들의 의식조차 그렇게 변해버린 것일까.

그가 다시 수술용 칼을 고쳐 잡고 집도하는 동안, 달리는 집은 여러 차례 문이 열리고 닫힌다. 그럴 때마다 승객들이 오르내렸지만 뒷좌석에서 일어나는 일들에 대해서는 아무도 문제를 삼거나 관심을 두지 않았다. 가족들은 다시 내 수술비에 대해 의논한다. 하지만 지금 당장은 지불할 수가 없으니 의사의 처분에 맡겨보자는 결론에 닿는다. 이제껏 내게 우호적이었던 오빠도 수술비가 상당한 부담이 되는지 곱지 않은 시선으로 나를 흘겨본다.

나는 잔뜩 몸을 웅크리고 그가 빨리 수술을 끝내주기를 기다렸다. 하지만 수술 도중에 어딘가에서 전화가 걸려왔다. 그는 가운 주머니에서 전화를 꺼내었다. 허리를 연신 굽실거리는 것을 보니 지체 높으신 분의 집에 환자가 생긴 모양이었다. 그는 가방을 둔 채로 서둘러 다음 정류장에서 내린다. 열린 가슴을 부여잡고 나도 그를 따라 황급히 내렸다. 온몸이 찢어질 듯 혹독한 고통에 사지에 쏠렸던 힘이란 힘은 죄다 풀려나갔다.

무엇이 그리 급한지 그는 흰 가운을 펄럭이며 골목 안으로 빨려들듯이 사라진다. 목이 터져라 그를 불렀건만, 허술한 블록 담에 부딪쳐 돌아온 것은 경악스럽게도 "야옹야옹."하는 고양이의 울음소리다. 믿기지 않는 일이었지만 한 마리 나약한 짐승의 울부짖음이 내 목울대를 타고 흘러나왔다. 길거리 옷가게의 쇼윈도에 슬쩍 비춰진 내 모습에 하마터면 까무러칠

뻔 했다.

"대체 내게 무슨 일이 일어난 거야. 모든 게 엉망진창이 되어버렸잖아."

하지만 더 이상 지체할 수도 없다. 붉은 피를 뚝뚝 흘리며 그의 뒤를 네 발로 쫓아 달려간다. 봉합되지 않은 가슴팍에서 뛰쳐나온 심장이 길바닥에서 펄떡인다.

나는 금이 간 블록 담에 머리를 처박으며 몹시 괴로워한다. 도무지 이해할 수 없는 일들의 연속이다. 너무도 가까운 거리에 있었던 가족들의 얼굴이 저 멀리 아득해진다. 달려갈수록 내 속에 있던 모든 내장 기관들은 본체에서 힘없이 떨어져 나온다. 나는 한 발짝도 움직일 수 없는 지경이 되어 길바닥에 풀썩 주저앉고 만다.

그리고는 얼마나 시간이 지났을까. 비포장도로에 접어든 버스가 다시 덜컹거린다. 또다시 유리창에 머리를 세게 부딪쳤다. 이제 정신이 좀 드는 것 같다. 흐트러진 머리카락을 이마 위로 쓸어 올리며 가족들을 찾기 위해 뒤돌아보았지만 뒷좌석에 당연히 있어야 할 가족들이 아무도 보이지 않는다.

"나만 두고 말도 없이 언제 내려버린 거야?"

아직 봉합되지 않은 통증을 움켜쥐며 먼저 내린 가족들에 대한 야속함을 되새김질 하고 있는데, 웬일인지 지금까지 무심하기만 했던 승객들이 내게 따가운 눈총과 야유를 보내는 것이다. 어떤 이는 혀까지 끌끌 차며 도저히 못 볼 것을 본 듯 언짢은 표정이다. 주변을 살펴보니 이제껏 회식 자리에서 먹고 마셨던 것들을 내가 앉았던 자리에다 모조리 내어놓고 사람들에게 구경시킨 것이 화근이었다.

토해내려 한 것이 뱃속에서 나온 음식물뿐이었을까마는, 사람들은 정녕 내가 세상을 향해 뱉어내고 싶은 것들은 보지 않고 눈에 보이는 현상들과 귀에 들리는 소리만 듣고는 달리는 집에서 나를 추방하려든다. 그때까지 묵묵히 참고 달리던 집의 운전기사가 급기야 문 밖으로 내 꿈길을 쏟아버렸다.

오물로 목욕을 한 차림새가 흉물스러웠던지, 거리의 사람들이 또다시 나를 손가락질한다. 들락날락하는 정신을 가다듬어 보려 하지만 그게 생각처럼 쉽지 않다. 여기저기 비난의 손가락들 틈으로 낯익은 모습들도 목격된다. 얼굴이 확 달아오르며 가슴이 뻐근하게 아파온다. 그러던 찰나, 비닐장판처럼 말리며 내 앞으로 다가온 시커먼 아스팔트가 이마에 사정없이 철퍼덕 붙는다. 충격이 컸지만 나는 다시 일어선다. 그러나 이번에는 저 멀리 서있던 전봇대 서너 개가 갑자기 나를 향해 전력질주해 오는 것이 아닌가.

지퍼에 대한 단상

간밤에 이런저런 생각으로 뒤척이다보니 새벽녘에야 겨우 잠이 들었다. 가까운 태권도장 아이들이 기합을 넣으며 발맞춰 뛰는 소리에 눈을 떠보니 출근시간이 임박하다.

허겁지겁 서두르며 겉옷의 지퍼 고리를 급히 올렸다. 발이 쉰 개라 하여 쉰바리라고 불리기도 하는 노린재의 무수히 많은 발처럼, 지퍼의 걸쇠들은 고리가 제 앞에 도착하는 것을 신호로 곧 일사분란하게 움직여 줄 것 같은 자세였다. 그들은 더듬이가 없는 대신, 다른 신경을 한층 곤두세운 듯 했다. 예상대로였다면 다음 순간에 분명히 보았어야 할, 쉰바리의 쾌속질주 장면을 나는 목격하지 못했다. 고리를 너무 힘껏 잡아당긴 탓인지, 옷감의 솔기가 고리의 틈으로 끼어들어 지퍼의 길을 막아버리고 만 것이다.

잘못 끼어든 솔기를 빼내려고 안간힘을 써다보니 솔기가 빠지기는커녕 도리어 고리에 꽉 맞물려 이러지도 저러지도 못하는 형국이 되어 버렸다. 다급한 마음에 고리를 잡고 한 번 더 힘을 주어 위로 당겼다. 이 같은 힘과 속도라면 옷감 솔기 정도의 장애쯤이야 단숨에 뛰어넘으리라 생각했다. 그러나 내 손아귀에 단단히 잡혀있던 지퍼의 고리는, 그만 궤도 이탈을 하고 만다. 아직 달려갈 준비가 덜 된 말 잔등에 빨리 가라고 채찍을 내리친 꼴이다. 지퍼가 나란히 선 걸쇠의 발을 맞추기도 전에 내 마음은 벌써 저만치 앞서 달리고 있었던 것이다.

자세히 보니 지퍼는 계단 같은 구조를 가지고 있었다. 위로 나란히 이어진 층계를 차근차근 하나씩 밟고 올라야 목적지에 닿도록 설계해 두었던 것이다. 성급하게 빨리 오르려고 수십 개의 계단을 훌쩍 건너 뛰려한 내게, 지퍼는 보란 듯이 일침을 놓았던 게다.

갈 길 바빠진 시간이 자꾸만 도끼눈을 뜬다. 생각지도 않았던 아주 사소한 것들의 반란에 적잖이 당황스럽다. 불편한 심기를 억누르며, 뻗대는 계단들을 화해시켜 보려 하지만 한번 뒤틀어진 심사가 쉽게 풀어지기는 힘든가 보다. 아래에서 위로 힘껏 잡아당기면 당길수록 지퍼의 문은 더 넓게 열리는 것이었다. 걸쇠의 순서가 뒤틀리자 더 이상의 추진이 어려워진 지퍼 고리는, 망연자실 저지선에 걸려 멈춰 서있다.

무언가를 골똘히 생각하는 듯한 지퍼의 자세. 흡사 영어 알

파벳 y를 떠올리게 한다. 참을 수 없는 거만한 포즈다. 그 거만함이 도를 지나쳐 이제는 바로 서기조차 거부하며 아예 비스듬히 드러누워 있다. 속으로 헛웃음이 난다. 믿었던 도끼에 발등 찍힌 격이랄까.

나는 그 짧은 순간에 지퍼의 속성을 이해해보려 무척이나 고심했다. 과학적 지식은 깊지 않지만 온갖 궁리를 끌어다 붙였다. 이건 초등학생도 아는 상식일 게다. 어떤 물체를 원래의 자리에서 다른 위치로 옮겨놓기 위해서는 일정한 양의 힘을 써야만 한다는 것. 직접 들어올리는 방법, 도르래를 이용하는 방법 등 여러 가지가 있지만 지퍼의 원리는 빗면을 이용하여 끌어올리는 방법으로 만들어지지 않았을까. 등산을 할 때 가파른 길을 올라가면 시간은 적게 들지만 무척 힘이 든다. 반대로 경사가 완만한 길을 걸어 올라가면 시간은 오래 걸려도 훨씬 힘이 적게 드는 이치처럼 여기에도 그런 원리가 적용된 듯하다. 살아오면서 완만한 경사지를 돌아가기보다는 시간이 적게 드는 가파른 길을 즐겨 올랐던 내가, 빗면의 원리를 이용한 지퍼의 속성을 체득하기엔 무리였을까.

지퍼의 길을 다시 열기 위해, 잔뜩 골이 난 걸쇠들과 타협하기는 이미 늦었다는 생각이 든다. 길 옆 세탁소에 맡긴 다른 정장 바지는, 급할 것 하나도 없는 주인 아저씨의 느긋함에 아직 그늘에서 꾸물꾸물 건조되고 있을 게 틀림없다.

이제껏 내가 위로 힘껏 잡아당긴 것은 무엇이었을까. 가만히 생각해보니 그것은 지퍼의 고리가 아니라 바로 나였다. 성마르고 남과 타협하기 싫어하며, 누구보다 빨리 정상에 올라 깃발을 높이 쳐들기를 원했던 나의 또 다른 모습이었다. 그러고 보니 애초에 그런 불규칙적인 계단을 만들어 놓은 사람 또한 나였다는 생각이 든다. 어느 한쪽에도 치우치지 않는 균등한 힘의 안배가 끝까지 이뤄져야 지퍼의 문을 제대로 닫을 수 있듯, 삶의 방식 또한 크게 다르지 않을 것이다. 그 단순한 이치도 깨닫지 못하고 걸쇠들을 무조건 억센 힘으로 다스리려 했던 나는 얼마나 거만하고 어리석은 존재였던가. 이쪽과 저쪽이 잘 맞물려 곧은 자세로 서있기를 바라지만, 아직 나는 틀어진 지퍼 걸쇠의 발을 가지런히 놓는 방법에 대해 잘 알지 못한다. 마음을 다잡고 살살 달래보기라도 했다면 고분고분하게 길을 내어주었을지도 모른다. 고장이 난 지퍼를 보며 매사에 계획성 없고 정돈되지 못한 내 모습을 그 위에 겹쳐본다. 둘 다 서로의 못된 속성만 쏙 빼닮았다.

그날, 성급함이 만든 엉망진창이 된 계단을 어떻게든 딛고 올라가보려 했지만 걸쇠들은 단 한 걸음도 앞으로 나서주지 않았고, 지퍼가 열어놓은 넓은 문은 끝내 닫히지 않았다.

칼끝으로 사과를 먹다

새로 이사 온 집 부엌에 전에 살던 사람이 칼을 두고 갔다. 이사 갈 때 칼을 버리고 가면 그 집과의 인연을 끊고 가는 것이고, 칼을 아무렇게나 부엌에 놓아두면 가족 중에 누군가가 다치거나 돈 나갈 일이 생긴다 한다. 칼날이 무디지도 않고 아직 서슬이 퍼런 것을 보니 사용한 지가 얼마 되지 않은 모양이다.

짐 정리는 덜 되었는데 벌써 기진맥진하여 이사 올 때 뭉뚱그려 온 과일봉지 속에서 잘 익은 사과 한 알을 꺼낸다. 풀지 않은 짐 속에 과도가 들어있는 듯 얼른 찾을 수가 없어, 전 주인이 쓰던 칼로 사과를 깎는다.

얄팍하게 깎인 붉은 사과껍질이 구불구불 길어질 때, 하얗게 드러난 사과의 과육 위로 상큼한 길이 난다. 사과 한 알을 쥐고 둥글게 돌려가며 깎았을 뿐인데 지구 한 바퀴를 돌아온 것 같다. 내가 살아온 삶의 길도 저렇듯 돌고 돌아 여기까지 왔을 것이다. 사과 껍질 속, 새로 만들어진 길처럼 내 인생도 그리 상큼하고 향기로웠을까.

접시에 담아놓은 사과 조각을 무심코 칼끝으로 집어 먹는다. 이사를 도와주러 멀리 대전에서 오신 손위 시누이가 얼른 칼을 빼앗더니 "왜 칼로 사과를 먹어? 칼로 음식을 먹으면 가슴 아픈 일을 당한대." 하며 포크를 손에 대신 쥐여 주신다.

어릴 때도 칼로 사과를 먹다가 어머니께 혼찌검이 났건만, 지금도 나는 여전히 사과껍질을 깎던 칼끝으로 사과를 먹는다.

"칼로 음식을 먹으면 가슴 아픈 일을 당한다."는 말이 오래도록 귓가에 맴돈다. 타인에게 칼을 건넬 때는 칼등을 잡고 칼날이 자신에게 향하도록 건네는 것이 예의다. 날카로운 칼끝이 자칫하면 상처를 낼 위험이 많기 때문이다. 그 무시무시한 칼로 나 스스로 사과를 찍어 먹기도 하고 또 그 칼로 사과를 찍어 누군가에게 먹였던 적도 있다. 위험천만한 일인데 나는 왜 그런 일을 천연덕스럽게 지금까지 반복하는 것인지.

젊기 때문에 더 살아야 하고 앞으로 가슴 아플 일들도 많이 남아 있을 것이기에 그것이 두렵다는 걸까. 젊지 않은 나이인데도 여전히 가슴 아픈 일이 계속 생기는 걸 보면 그동안 칼로 사과를 너무 많이 찍어 먹었나 보다. 하기야 칼로 먹은 게 어디 사과뿐이었으랴.

뭔가를 준다는 게 이렇게 위험한 것인 줄, 나이를 이만큼 먹고서야 비로소 알게 되었다. 그것이 나를 위한 것이든 남을 위한 것이든, 그것이 충고였든 배려였든 사과를 칼로 찍어 먹고 먹여주는 것처럼 위태로울 수 있다는 것이다. 살아오면서 나 스스로 내게 마음의 상처를 입힌 적도 있었고, 사랑과 배려라는 이름으로 가족과 친구들에게 향긋한 내음의 사과조각에 숨은 칼끝을 아무런 의심 없이 들이민 적도 많았었다. 무의식적으로 한 행동들이 젊을 때는 모두가 올바른 것인 줄 알았었다. 세월의 풍진에 묻혀갔지만 그 칼에 다친 나 자신에게도 상대방에게도 수없는 생채기가 나고 또 아물었으리라.

아직도 칼끝으로 음식을 찍어먹는 나를 판박이 삼아 딸아이도 똑같이 칼끝으로 사과를 찍어 먹는다. 이럴 때는 정말 난감해진다. 자식에게는 이런 위태로움을 대물림하고 싶지 않은 어미는 슬그머니 딸아이에게 칼 대신 포크를 쥐어준다. 그 옛날 어머니가 내게 하신 말씀 "칼로 사과를 먹으면 가슴 아픈 일을 당한대."를 습관처럼 되뇌면서.

그러나 아직 살아온 날보다 살아갈 날이 더 많은 내 딸아이는 앞으로 겪을 가슴 아플 일들에 너무 주눅 들지 말고 당당히 세상과 맞서 겨루기를 바란다. 젊음이 아름다운 건 불확실한 미래에 도전하고, 가슴 아플 많은 일들을 두려워하지 않기 때문이다. 두려워하지 젊음은 그러기에 두려운 대상이 될 수밖에 없다. 어쩌면 향기롭고 상큼한 사과 조각 속에 숨은 날카롭고 경쾌한 저 칼끝처럼.

어느 날 문득

1.

눈부신 아침 햇살이 물뿌리개를 통해 떨어지는 물방울처럼 사방으로 번진다. 등 떠밀려 내려온 산바람이 모낸 무논의 물살을 파르라니 흔들어대면 외발로 선 흰 두루미의 날갯짓이 마른 나뭇가지 부딪히듯 서걱거린다. 어쩌면 나뭇잎들도 처음엔 새처럼 가벼운 깃털을 가졌던 것일까.

2.

새들처럼 날개가 있다면 당연히 날아오르겠지만 날개가 없어 더욱 날고 싶은 것들이 세상엔 얼마나 많은지 모른다. 절집 마당에 쌓아둔 검정 기왓장에 집주소와 가족의 이름들 달아주면 밤새 하늘로 날아오를 것만 같다. 애초에 하늘과 맞붙어 있었던 땅도 언젠가는 거꾸로 물구나무서서 자기가 하늘이라고 빡빡 우길지도 모를 일이다.

3.

그렁그렁한 눈빛으로 별 바라기하며 나뭇가지에 올망졸망 달린 꽃눈조차도 슬픔의 흔적이라고 여긴 적이 있었다. 무작정 날아오르고 싶었던 날들. 아마도 나는 스스로의 아집에 갇혀 참으로 오랜 시간을 한곳에 머물렀었나 보다. 불현듯 그곳으로부터 탈출해야 한다는 생각이 든다.

4.

저렇듯 비어있는 허공의 어느 부분은 누군가를 향한 그리움의 비상구로 통할 것이다.

5.

이제 직립의 자세로 꼿꼿이 서서 하늘의 푸른 중심을 향해 날아오르는 피나는 연습을 해야 할 것 같다. 어둡고 긴 시간을 견뎌낸 것들이 서서히 기지개켜며 일어서는 지금, 나도 그들의 대열에 얼른 끼어들어야 할 것 같다.

구두 길들이기

신발장을 연다. 오밀조밀하게 모여있는 구두와 운동화들이 서로 자기를 데려가 달라고 조르는 모양으로 보인다. 아침마다 매번 새롭기만 하다. 아이들이 어릴 땐 예닐곱 켤레가 놓여지던 신발장이 이제 네 켤레도 넣기가 버겁다. 큰아이는 제법 발이 커져 내 치수보다 큰 신발을 신는다. 작은애는 계집애라 그런지 예쁜 신발만 보면 냉큼 사다가 신발장을 채운다. 아이들 흉을 보지만 나의 신발도 만만찮다.

정장에 맞춰 몇 켤레씩 사 모았더니 신발장 두 칸을 차지해 버렸다. 두세 켤레의 나머지 신발이 현관 앞에서 이리저리 발길에 차인다. 남편은 운동을 좋아하기 때문에 구두보다 더 많은 운동화가 신발장 속에 버젓이 들어앉아 거드름을 피운다. 자주 신지 않는 장화나 슬리퍼 같은 것은 아예 제자리도 없이 다른 신발들 위에 더부살이를 한다. 그래서 우리 신발장은 늘 만원사례인 러시아워의 지하철 속 같다.

외출할 때면 신발로 한껏 멋을 내고 싶은 욕심이 은근히 생긴다. 쌈박한 구두로 발끝에까지 힘을 실어보자는 속셈이다. 얼마 전에 산 새 구두가 신발장 한가운데서 고운 때깔을 뽐낸다. 해묵은 구두는 주눅이 든 채 한쪽 구석에 밀려나 있다.

어느 것을 신을까. 새 구두의 세련된 모습과 헌 구두의 편안한 자태가 나를 시험에 들게 한다. 구두 두 켤레를 내놓고 신었다 벗기를 되풀이하면서 견주고 또 견주어본다. 구두와의 실랑이를 보다 못한 남편이 어디 패션쇼라도 나가느냐며 곱지않은 눈길로 다그친다. 더 이상 지체할 수 없이 집을 나선다. 신호등이 숨 넘어갈 듯이 초록 눈을 깜박거릴 때 횡단보도를 황급히 건너는 내 발에는 아무 불평도 없는 해묵은 구두가 신겨져 있다. 오래 걷는 것에는 도무지 자신이 없어 내 몸의 일부분처럼 느껴지는 헌 구두가 이롭다는 생각이 들어 새 구두의 유혹을 이겨낸 것이리라.

미우니 고우니 투정해도 가장 편한 사람이 가족이다. 그것도 서로에게 길들여진 까닭이다. 길들여져야 편한 것이 세상 살아가는 이치라고 본다면 삶, 그 자체가 길들여가는 과정이 아닌가 싶다.

험한 길을 나설 때, 구두를 신으면 진흙길에서도 젖지 않고 튀어나온 돌부리에 차여도 발이 덜 아프다. 깨진 유리조각이 깔린 길, 가시덤불 길을 맨발로 걷는다는 생각을 하면 어찌 아찔해지지 않겠는가. 가까이 있고 흔한 것일수록 참된 가치를 깨닫지 못하는 것처럼 발에 당연히 신겨져 있어 구두의 소중함을 잊고 사는 것이 우리의 일상생활이다.

우연찮게 새 옷 한 벌이 생겼다. 직장 언니가 자기에게는 어울리지 않는다며 구입한 지 며칠밖에 안 된 옷을 체구가 엇비슷한 내게 거저 준 것이다. 상아색 파스텔톤이 부드러운 멋을 풍기는 정장이었다. 문제는 색이 바래지도록 고집스레 신고 있는 구두가 그 옷과는 전혀 어울리지 않았던 것이다. 옷이 생기기 전까지는 내 살붙이 같았는데 새 옷과 어울리지 않는다는 아주 사소한 이유로 신발장 구석에 밀어넣었다.

생각해보면 내 마음이 변했을 뿐 구두가 변한 것은 아니다. 하기야 세상에는 남의 탓을 하는 경우가 너무나 많다. 별것 아닌 일까지도 그저 꼬투리를 잡는다. 그런 알량한 심리가 내 속에도 숨어 있나 보다.

사람이 살아가는 것은 신발 길들이기와 같다고 여겨진다. 뻣뻣한 새 구두는 발에 잘 맞지 않다. 구두 뒷축을 구겨 신기도 하고 볼을 넓히기 위해 모형 발을 넣어 신발을 늘여도 본다. 그것이 부족하면 구두 뒷꿈치의 가죽이 야들야들해지도록 무두질을 가하기도 한다. 이왕 사들인 신발을 어떻게 하든지 발에 맞춰 신어보려고 하는 것은 한번 맺어진 인연을 끝까지 굳게 엮어 보려는 것과 같다. 그러나 요즘에는 옛날과 달리 신발

사는 일이 코디네이션의 하나가 되어버렸다. 옷 색깔이나 분위기에 따라 신발을 신다 보니 느긋하게 길들일 여유를 갖지 못한다. 즉흥적으로 편의에 따라 맞춰 신는 일족다리의 유행병은 길들인다는 의미를 사라지게 하고 말았다.

어느 일간지에 보니 우리나라 사람의 이혼율이 위험수위를 넘도록 심각한 지경에 이르렀다고 우려를 한다. 젊은층일수록 비율이 더 높다. 사람을 신발에 비유해보면 어떨까. 우리 할머니 세대는 신발 한 켤레가 생기면 그것이 다 해질 때까지 신었고 검은 머리가 파뿌리가 되도록 한 남자와 같은 길을 걸어왔다. 그러나 요즘 젊은 사람들은 구두가 발에 길들여질 때까지 신어 볼 생각도 않는다. 새 신발로 생긴 상처가 채 아물기도 전에 구두를 벗어 던지듯이 쉽게 이혼을 한다. 신발 가짓수가 많아질수록 이혼율도 점점 높아진다. 옛날, 섬돌에 도란도란 놓인 흰 고무신의 정겨운 모습 대신 요즘 신발장에 뒤죽박죽 넣어진 신발들을 보면 내 마음도 어느 한곳이 찔린 듯 아프다.

나는 낡은 신발을 좀처럼 버리지 않는다. 물건에 대한 욕심이라기보다는 이제껏 발을 지켜주었던 신발에 대한 최소한의 예우라고 생각하면 될까. 아니면 내 발의 온기가 고스란히 묻어있는 살가움과 언제 또 그 신발을 다시 신게 될지도 모른다는 막연한 기대감도 있어서다. 그러나 남편은 새 신발을 사면 매장에서 바로 낡은 신발을 버리곤 한다. 그럴 때면 왠지 모르게 남편에게 미심쩍은 마음이 든다. 왜냐하면 나도 쉽게 버려지는 헌 신발이 되지 않을까 하는 두려움이 슬몃 들기 때문이다.

세월이 갈수록 윤기를 잃어가는 남편의 모습은, 신을 때마다 발등 위에 굵은 주름살이 잡히는 해묵은 구두다. 처음 샀을 때는 야무지게 잡아매어지던 구두끈이 점점 헐거워지듯, 날이 갈수록 숱이 줄고 쉽게 빠지는 머리카락은 약한 손끝의 힘에도 저항 없이 뚝뚝 끊어진다. 곱지도 않은 발을 감싸며 밑창이 닳아가는 구두처럼, 근력도 떨어지고 의욕도 잃어버려 별것 아닌 일에도 의기소침한 그의 모습이 자꾸 내 눈에 밟힌다.

이제 남편은 오래 신어 편안해진 헌 구두 같고, 나 또한 남편에게 잘 맞는 헌 구두가 되었나 보다. 헌 구두는 내게 한없는 안락함을 준다. 때로는 너무 길들여져서 아예 신발을 벗고 있는 듯한 느낌이 들 때도 있다.

휴일에 신발장을 정리하면서 전에 버렸다고 믿었던 헌 구두 한 켤레를 발견했다. 그 구두는 늘 제자리에서 나의 손길이 닿길 기다리고 있었는지 모른다. 서투른 솜씨지만 구두약을 바르고 못 입게 된 내의 조각을 뜯어 헌 구두를 닦는다. 그러나 주인의 발 모양대로 뭉그러진 헌 구두는 원래의 제 모습으로 되돌아갈 수는 없나 보다. 남편의 혈기왕성하던 젊은 시절의 모습이 구두 등짝에 그려지는 이런 날에는 왠지 새 구두가 먼저 내 눈에 들어온다.

빈집이 환하다

집이 저 혼자 오래 기다리고 있었다. 문을 열자 그동안 갇혀 있던 공기들이 매캐한 먼지를 코앞에 훅 던져주곤 재빨리 문밖으로 빠져나간다. 며칠 비운 사이 숨어든 음산한 공기들로 포위당한 집이 속히 풀려날 수 있도록 현관문과 창문들을 활짝 열어젖힌다.

어느 틈으로 들어왔는지 깡똥한 몸매의 어린 여치 한 마리가 탁자 아래서 톡톡 튄다. 놈은 처음에 아무것도 모른 채 헐거운 문틈으로 발을 슬쩍 디밀었을 것이다. 그렇게 오랜 시간을 이곳에서 머물 것이라고는 꿈에도 생각하지 않았으리라. 여치에게는 미안한 일이지만 그 조그만 생물체의 움직임조차 없었다면 홀로 남은 집은 참을 수 없는 적적함에 아마도 벌써 까무러쳤을지 모른다. 냉큼 집어내어 바깥으로 던져버릴까 생각하다가 외로웠을 집과 함께해 준 공로가 대견해서 좀 더 놔두기로 했다. 이런 속마음을 아는지 모르는지 여치는 내가 발소리를 낼 때마다 딴곳으로 날아가기 위해 높이 튀어 오른다. 행여 사람이 해코지나 하지 않을까 경계하는 눈치가 역력하다.

집은 내가 없는 동안 아마도 많은 궁리를 했을 것이다. 주인이 돌아오기까지 그저 무사태평하기를 기원하며 여기저기를 둘러보았을 것이 뻔하다. 야무지지 못한 주인이 수도꼭지를 단단히 잠그지 않아 아까운 물이 줄줄 새고 있는지, 베란다 바깥쪽에 깜빡 잊고 끄지 않은 전등이 한낮의 햇빛에게 오히려 무안할 정도로 희미한 빛을 흘리고 있는지 살펴보았을 것이다. 그 아래 놓인 서너 개의 화분엔 아직 흙이 마르진 않았음을 발견하게 되리라. 하지만 얼마나 있다 돌아올 것인지 속내를 보여주지 않는 주인 때문에 화초들이 말라죽지나 않을까 조바심도 났을 터다.

값나가는 물건이 없으니 복면을 쓴 도둑이 들 일은 없을 테고 오랜만에 아무에게도 구애받지 않고 집은 편안히 엎드려 단잠을 청해보기도 했을 것이다. 그러다가 주인이 떠나고 난 후 뒤늦게 온 택배기사의 인터폰 소리에 화들짝 놀라 짐짓 태연한 모습을 하고 자세를 갖춰 보았는지도 모르겠다.

아파트 초입의 경비실에서 내가 집을 비운 사이 맡아 두었다가 건넨 소포의 배송일자는 일주일을 훨씬 넘기고 있었다. 집도 소포도 천덕꾸러기가 되어 평소엔 그다지 살갑게 굴지 않는 주인을 목이 빠져라 기다린 것이 분명하다. 그동안 모두들 잘 있어 주었구나 하는 안도의 한숨을 내쉬며 집안 여기저기를 쿵쾅거리며 다닌다.

요즘은 집도 진화하는 듯하다. 주인의 습성을 그대로 배워 이따금 주인을 그대로 흉내내기도 한다. 예고도 없이 방문한 집의 현관에 들어서면 어째 집은 그 주인의 모습을 꼭 닮아 있다.

오래 묵은 집은 이따금 병이 나기도 한다. 집이 아프다고 소리치면 얼른 병을 고쳐주어야 한다. 바쁘다는 핑계로 이러한 경고를 무시했다가는 심술을 부리고 갖은 말썽을 일으킨다. 앙탈을 부릴 때마다 살살 달래가며 함께 버성겨야 마찰이 없다. 그래야 내가 힘들 때 집에게 슬쩍 기대어 볼 염치가 생기는 것이다.

빈집은 비어있었던 만큼 그 속에 많은 이야기들을 품고 있을 듯하다. 어릴 적 학교에 갔다 오면 집은 자주 혼자 남아 있었다. 대문을 밀고 들어올 때까지만 해도 환하게 웃던 얼굴은 적요뿐인 집안 공기를 깨닫고는 곧바로 시무룩해졌다. 가방을 아무렇게나 내팽개치고 어머니가 뜨개질을 할 때 앉았던 방석으로 얼굴을 감싼 뒤 일없이 펑펑 울기도 했다. 그 방석에서는 어머니의 향긋한 살 냄새가 났다. 어머니가 집으로 돌아올 때까지 마당 여기저기를 기웃거렸다. 담벽 아래에는 토끼장이 있었다. 꼭 붙어있는 두 마리의 토끼를 보니 괜히 심술이

나서 따로 떼어놓으려고 긴 작대기를 집어넣어 휘저어보기도 했다. 그때는 어린 나만 서러운 줄 알았다. 내가 학교에서 돌아올 동안 홀로 긴 시간을 기다려야 했던 집의 외로움 따위는 아랑곳하지 않았다. 해거름이 지나 어머니가 시장에서 못다 팔고 온 물건을 툇마루에 '쿵' 하고 내려놓을 때 비로소 집은 다시 숨을 내쉬는 것 같았다.

집은 주인의 발소리를 기억하는 것임에 틀림없다. 게으름을 피우고 있다가도 주인이 돌아올 때쯤이면 언제 그랬냐는 듯 바짝 긴장하는 모습이다. 그래서 주인이 오면 괜히 바쁜 척을 한다. 기실 주인의 손을 빌려서 하는 일이긴 하지만, 집은 급히 전등을 켜고 벽에서 느슨하게 뽑아둔 전기코드를 부지런히 꽂는다. 또 부엌 한쪽에 밀쳐두었던 따뜻한 불씨들을 불러내어 세상에서 가장 맛있는 찌개를 끓여내고 찬장 위쪽에 놓아둔 찬그릇을 내려 가지런히 살강에 포개놓는다. 어머니는 늦은 저녁을 짓느라고 이마에 송골송골 땀방울이 맺히고 집도 주인의 꽁무니를 쫓느라고 덩달아 바빴었다.

집은 주인의 마음을 읽을 줄을 안다. 어머니가 시장에서 못다 팔고 머리에 이고 온 무거운 짐처럼 저도 과묵한 지붕을 이고 그 우직한 슬픔 앞에 함께 목이 멜 때가 많다. 하루 벌어 하루를 사는 고달픈 삶이지만 날이 저물어 돌아온 가족들이 하루의 허물을 벗고 온몸을 깨끗이 씻어낼 때 고단한 노동의 땀과 슬픔까지도 집은 함께 씻어내기를 바라는 것이다. 텃밭

언 땅을 파서 몇 포기 남지 않은 배추를 뽑아내는 어머니의 시린 손끝과 새우처럼 구부정해진 허리가 곧게 펴지기를 집은 간절히 원했을 것이다. 한 달 남짓 이른 새벽부터 늦은 저녁까지 바닷가 방파제 공사에 나갔다가 무르팍을 다친 아버지 옆에 안락한 의자 하나 불쑥 내밀어 줄줄 알았던 집은, 나무처럼 그대로 하나의 뿌리가 되어 지층 가장 낮은 곳까지 내려가 희망의 수액을 뽑아 올려주었다. 불 지핀 아랫목에 언 몸을 녹이고 그 의자에 앉아 쉬는 동안 아픈 삶이 아물어진다면 자신이 홀로 남아 기다렸던 시간들이 그리 따분하다고만 여기지는 않았을 게다. 달빛 부서져 내리는 밤, 모두가 단잠의 베개를 베고 깊은 마법에 빠져든 그때도 집은 따뜻한 시선으로 나지막하게 자장가를 부르며 시간의 얼레를 조금씩 풀어내었을 것이다.

이제는 기다릴 사람조차 없는 쓸쓸하고 환한 고향의 빈집은 세상이 지워준 무게를 바닥에 다 내려놓고 주춧돌 위에 가볍게 올라앉은 마른 잎들과 함께 고생대의 화석이 되어가고 있을까.

닭들은 날아본 기억이 있을까

층층으로 된 5톤 트럭에 닭들이 한가득 실려 간다. 닭장 문은 바깥쪽으로 단단히 잠겨 있다. 농장 주인이 닭장 트럭에 마구 집어 던졌을 때의 모습인 양, 꺾인 날갯죽지를 미처 정리하지도 못한 어정쩡한 자세로 좁은 철장에 꽉 끼여 있다. 사력을 다해 파닥거려 보지만, 움직이지 않는 편이 더 낫다는 것을 깨닫기까지 그리 오랜 시간이 걸리지 않는다. 도대체 어디로 가고 있는 것인지, 앞으로 어떤 운명에 처하게 되려는지, 불안한 차체의 흔들림과 함께 이런 갑작스런 외출이 그저 낯설고 황망할 뿐이다.

트럭이 비탈길을 휘돌아간다. 중심을 잃을 때마다 시간의 속도를 발톱으로 제어해보려는 닭들은 간헐적인 신음소리를 낸다. 하지만 속도는 잡지 못하고 애꿎게 뽑힌 제 몸의 깃털만

철망 사이에 어설프게 꽂힌다.

위로 치솟아 오르려 해도 머리를 짓누르는 천정과, 안간힘을 써도 날개를 펼 수 없는 좁은 공간 속의 그들은 다시 이 길을 되돌아 올 것이라 애써 믿으려는 눈빛들이다. 무작정 달리는 트럭은 멈출 기미가 없고, 전래동화 속 의붓어미가 버린 아이들처럼 집으로 돌아갈 길을 표시라도 해 두려는 듯, 닭들은 제 몸의 깃털을 뽑아 허공에 날려보기도 한다.

깃털 중의 하나가 바람에 날려 트럭을 뒤따르던 내 차 앞 유리창에 착 달라붙는다. 무심코 날아든 깃털을 윈도 브러시로 밀어 떨쳐내 버릴까 하다가 그냥 그대로 두었다. 아주 재미있었던 추억 하나가 머릿속에 반짝 떠올랐기 때문이다.

어린 시절, 귀한 손님이 집에 오시거나 제사가 있는 날은 마당에 풀어두었던 닭을 잡았다. 부엌에서 눈코 뜰 새 없이 바빴던 어머니 대신, 우리 남매는 닭 잡는 일을 도맡아야 했다. 다른 때는 몰라도 제사가 있는 날은 일부러 나이 먹은 닭을 고른다. 신성한 제사에 쓰일 제물이라 닭 울음소리가 길고, 몸집이 통통한 놈이 적격인데, 조건에 걸맞은 늙은 시골 닭을 포획하기란 그리 만만한 일이 아니었다. 본능적으로 살기 위해 죽기살기로 도망치는 닭을 쫓다가 지쳐, 마당 한복판에 큰 대자로 드러누워 헐떡거린 때도 많았다. 어떤 놈은 염장이라도 지를 듯 마당 저편 대추나무 위로 파드득 날아올라 말 그대로 "닭 쫓던 개 지붕 쳐다보는 격"이 된 적도 있었다. 잠을 자려고 횃대에 오르기 위해 잠시 날아오르는 것은 봤지만 장장 몇 미터를 재빠른 속도로 날아 나무 위에 안착하는 것을 보니 그것이 닭인지 새인지 의심스러울 지경이었다.

어찌되었건 마당을 벗어나지 못한 닭은 결국 우리들 손에 잡히고 마는데 정작 문제는, 살아서 잡힌 그놈의 닭 모가지를 비틀어 모진 생명을 끊어야 하는 고역이 어린 마음에 여간 심란한 것이 아니었다. 닭의 모가지를 비틀려고 하면 생명체의 목 부분에서 전해져 오는 뜨뜻한 온기와 묘한 느낌의 전율에 흠칫 놀라, 잡았던 놈을 순식간에 놓쳐버리기도 했다. 그게 싫어서 잔머리를 굴려본 것이 닭의 목을 발로 지그시 누른 다음, 살려달라고 애원하는 듯한 간절한 눈길을 무시하고 털을 먼저 뽑는 것이었다.

닭은 온기가 남아있을 때 털을 제거해야 고생을 덜한다. 숨이 끊겨 체온이 떨어지면 털이 잘 뽑히지 않아 손톱이 빠질 듯한 고생을 감수해야만 한다. 닭들을 여러 차례 잡다보면 어느 정도 시간이 지나야 숨이 넘어간다는 것을 감으로 알게 되는 경지에 이른다. 처음엔 닭의 빨간 눈동자에 눈꺼풀이 무겁게 내려앉을 때가 바로 그때라고 생각했었다. 그러나 닭도 늙으면 여우가 되는 것인가. 눈꺼풀이 슬그머니 닫히는 것을 보고 안심하며 손아귀 힘을 느슨하게 푸는 순간, 그만 낭패를 당하고 만다. 죽은 척하고 있던 놈이 잠시 우리가 방심한 틈을 타서 잽싸게 도망가 버리는 것이다. 이런 허망한 꼴을 몇 번

겪고 나면 절대 속지 않는다며 가만히 모가지를 밟고 있던 발을 들어 닭 몸통을 툭툭 건드려서 반응 여부를 재차 확인한다. 누가 봐도 확실히 숨이 끊어진 닭을 땅바닥에 놔 둔 채, 미처 제거하지 못한 잔털을 마저 뽑으려고 뜨거운 물을 가지러 가는데, 웬걸! 뒤쪽에서 어떤 물체가 바람을 일으키며 부리나케 달아나는 소리가 들린다. 불길한 예감에 고개를 홱 돌려보니 그곳에 낯익은 놈이 우스꽝스런 몸짓으로 나체 질주를 하고 있는 것이 아닌가. 조금 전까지만 해도 죽은 듯 널브러져 있던 그놈의 달구새끼가 도망치는 모습은 하도 웃겨서 배꼽이 빠져 달아날 것처럼 가관이었다. 도망을 가려면 들입다 내뺄 것이지, 풋내기들을 놀리기라도 하듯 뒤를 힐끔힐끔 쳐다보기까지 하는데 털이 홀라당 벗겨진 몸뚱어리의 닭이 마당을 질주하는 모습이라니….

탈주범을 잡기 위해 이리 뛰고 저리 뛰다보면 자리 잘못잡고 앉은 양철대야가 오빠의 발에 차여 요란한 소리를 내며 마당 한쪽으로 내팽개쳐지고, 땀을 뻘뻘 흘리며 곤혹을 치르고 있는 우리 남매를 보고서도 동네 사람들은 누구 하나 도와줄 생각은 않고 박장대소하며 구경들만 하고 있었다.

한바탕 난리를 치르고 결국 생포된 나체 닭은, 제사상에서 제물로서의 도리를 다한 뒤, 잔뜩 독이 오른 우리들에게 오동통한 살점을 뜯기며 장렬한 최후를 맞이하는데, 지금 트럭에 실려 도계장에 실려 가는 저 수많은 닭들을 보니, 그 옛날 우리

집 마당에서 알몸 시위를 감행한 여우 같은 늙은 닭이 오늘따라 몹시도 그리워지는 것이다.

짐작건대 닭장 트럭은 머지않아 낯선 도계장에 그들을 함부로 부려놓을 것이다. 꽤 오래된 기억이지만 도계장에서 닭 잡는 광경을 지켜 본 적이 있다. 그 많은 닭들을 한꺼번에 도살하는 과정이 시골 마당의 늙은 닭 한 마리 잡을 때보다 훨씬 빠르고 조용했다. 닭들은 철옹성 같은 닭장을 잠시 벗어나는가 싶다가 외마디비명을 지를 틈도 없이 회전기계에 거꾸로 매달리는 운명을 맞게 될 것이다. 공장 노동자들은 정해진 시스템의 순서에 따라 스위치를 누르고 닭들을 기절시켜 방혈한 다음, 뜨거운 열기로 털을 벗겨내고 내장을 송두리째 꺼내는가 하면 급기야는 닭발과 목을 제거하고 생뚱맞게 몸뚱이만 달랑 남겨놓을 것이다. 무게별로 선별한 기계설비의 손을 빌려 개별 포장까지 완벽히 마친 다음, 냉동 탑차에 실어 주문한 곳으로 배송시키면 그들의 하루는 마무리될 것이고 도계장엔 어둠과 정적만이 남을 것이다.

모퉁이를 돌아가니 두 갈래 길이다. 닭장 트럭은 왼쪽 길로, 나는 오른쪽 길로 방향을 잡고 다시 달린다. 어찌 보면 층층의 닭장에 갇힌 초췌한 닭들과, 갑갑한 도심의 아파트 속에 사는 우리네 삶의 모습들이 별반 다를 게 없다는 생각이 든다. 저들은 한 번이라도 날아보았던 기억이 있을까.

누구나 한 번쯤은 자기만의 세계로 훨훨 날아오르고 싶을 때가 있을 것이다. 나도 넓은 세상에 나가 내 꿈을 당당하게 펼쳐 보이고 싶을 때가 있었다. 어둡고 고독한 알 속에서 아직 단단해지지 않은 부리지만, 사력을 다해 껍질을 쪼아 마침내 세상으로 나가는 문을 열고 화려한 변신을 할 것이라 꿈꾸기도 했다. 그러나 나는 정돈되지 않은 너무 많은 생각과, 아직 일어나지 않는 일들에 대한 수많은 걱정 때문에 스스로를 단단한 알 속에 가둬 둔 시간이 너무 길었다. 어쩌면 그 긴 시간으로 인해 닭들처럼 자신이 날 수 있다는 사실조차 잊어버리게 된 것인지도 모른다.

닭장처럼 다닥다닥 붙어사는 아파트 속, 그저 그렇게 지나가는 하루하루를 평범하게 사는 사람들 중의 한 사람인 나. 어찌된 일인지 꿈을 키워주기보다는 일찌감치 꿈을 버리라고 권유하는 듯한 이상한 세상에서 살고 있다. 꿈은 독보다 더 위험한 것이라 했던가. 전통과 질서를 파괴하고 관리자를 피곤하게 한다는 이유로 사회는 언제부턴가 우리가 꿈꾸는 것에 대하여 그다지 달가워하지 않는 듯하다. 그래서인지 이젠 내가 왜 꿈꿀 수 없는지, 왜 날개를 활짝 펴고 날아오를 생각을 하지 않는 것인지 의문조차 갖지 않게 되었다. 나의 미래보다 자식들의 미래와 소망을 더 걱정하는 나이가 되어버린 지금, 어릴 적부터 품어왔던 꿈에 대한 기억조차 가물가물하다.

닭장 속의 그들처럼 나는 세상이 만들어 놓은 고정된 틀에 맞춰 누군가가 원하는 삶을 대신 살아온 것은 아니었던가. 어디론가 팔려가는 닭들과 같이 좁은 공간에 갇힌 채, 절대 권력자인 트럭기사의 처분만을 기다리는, 나약하고 별 볼 일 없는 존재로 전락해버린 것은 아닐까.

닭장트럭 뒤를 따랐던 그날 밤, 나는 수많은 닭들에게 포위되어 그들의 단단한 부리와 날카로운 발톱에 대책없이 전방위 공격을 당하는 악몽을 꾸었다. 꿈속에서 나를 공격한 닭들은 어쩌면 날개가 있음에도 날지 못하는, 아니 날아볼 생각조차 하지 않는 나 자신의 무능함을 일깨워 주기 위해 그렇듯 죽기 살기로 달려들었던 것인지도 모를 일이다. 꿈에서 깨어난 새벽, 무슨 일인지 내 양쪽 겨드랑이가 몹시 가렵다.

백살공주

우리 이웃엔 심각한 공주병을 가진 마나님이 사신다. 사람들은 그녀를 백살공주라 부른다. 나이가 백 살이나 먹었다는 게 아니라, 백 살이 되더라도 공주병을 못 버린다는 비아냥거림이 밑바닥에 깔린 별명이지 싶다.

부부동반 모임에 가면 그녀는 유달리 예쁜 척, 귀여운 척, 사랑스러운 척을 한다. 그녀를 푼수데기 여편네라며, 동조세력에 나를 끌어넣으려는 이웃들 틈에 끼면 정말 그녀가 사차원의 영역에 머물고 있는 게 아닌가 생각할 때도 있다. 하지만 그녀의 인간성 자체가 나쁘다거나 악의가 있는 것은 아니어서 나는 그냥 어물쩍대며 딴청을 피우곤 한다. 너무 오버해서 보기 괴로울 정도만 아니면 애교로 봐서 참아줄 만하다.

그녀가 아직도 백살공주란 별명을 떼지 못하는 데는 그만한 이유가 있다. 언젠가 심리학을 전공한 친구에게 공주병은 왜 생기느냐고 물었더니 그것은 정신장애의 일종이라며 잘 알아듣지도 못할 의학전문 용어를 나열하는 바람에, 들은 족족 금방 잊어버렸고 '공주병이란 자기애自己愛가 지나친 병'이라는 것만 기억한다. 그녀가 공주병에 대한 전문지식을 가지고 있든 없든 그것이 문제될 것은 없고, 짐작건대 자신을 지나치게 사랑하다보니 그 병조차도 사랑하게 된 것이 이유라면 이유가 아닐까.

공주병도 암(癌)처럼 악성과 양성이 있다. 이웃의 백살공주는 그나마 양성에 속한다. 물론 양성이라도 병은 병이니 부정적인 면이 없는 건 아니다. 공주병을 앓고 있는 사람은 자기자신에 대해 매우 강한 관심과 애정을 갖는다. 그래서 주변 사람들도 역시 자신에게 관심이 많을 거라는 착각에 빠져들곤 한다. 남들은 흥미도 없는 자신만의 소소한 일화를 무슨 대단한 전설인 양, 끝없이 읊어대느라 시간 가는 줄 모른다. 원래 공주이야기는 역사 내지는 신화가 되어야 나름대로 신비롭게 여겨지는 것이라 이 정도는 이해하고 넘어가야 한다. 자기에게만 중요한 일을 남들에게도 똑같이 중요한 의미가 있는 것으로 생각한다. 자랑거리 축에도 못 끼는 그렇고 그런 이야기를 과대 포장하여 풀어내면, 처음엔 사람들이 고개를 끄덕이며 듣고 있지만 급기야는 연기처럼 모락모락 오르는 짜증으로 자리를 박차고 일어나게 만드는 장본인이 바로 그녀다.

또, 공주병 증상 중의 하나는 '연약한 척'이다. 사소한 통증도 마구 부풀리고 엄살을 떨어 주변 사람들이 자기에게 지대한 관심을 가져주도록 강요한다. 충분히 해낼 수 있는 일들도 도저히 할 수 없다며 손사래를 친다. 하기야 어릴 때 읽었던 동화 속의 수많은 공주들 중에 황소처럼 튼튼한 공주가 나왔던 적이 있었던가. 그녀들은 하나같이, 온실 속에서 곱게 자란 화초처럼 누군가가 보호해 주지 않으면 안 될 연약한 존재에 불과했었다.

악성 공주병은 대부분 앞서 나열한 증상들을 갖고 있지만, 자기 주변 사람들을 모두 시녀화 한다는 것이 특징이라면 특징이다. 고귀한 신분의 공주는 자기 하나여야만 한다. 감히 천한 시녀들이 눈앞에서 설치는 꼴은 죽어도 못 본다. 누가 자기보다 잘나가면 절대로 용서가 안 된다.

이런 심각한 공주병을 가진 사람들을 잘 살펴보면, 그 배후에는 반드시 엄마인 왕비가 있다. 왕비의 딸이 공주가 되는 것은 지극히 당연한 일. 자기 딸이 사랑스럽지 않은 엄마가 어디 있을까마는 그것이 도를 넘어서서 남들보다 특별한 존재라 생각하고 키우다보니 그렇게 자란 딸 역시, 자신은 특별하며 모든 사람들이 그렇게 대접해 주어야 마땅하다고 믿게 된다.

여하튼 나이 먹을 만큼 먹은 우리 이웃의 백살공주는 목욕탕에 와서도 예쁜 척, 잘난 척하며 공주의 전형적인 면모를 보여준다. 딱히 무엇 하나 내세울 게 없는 나로서는 그저 구석자리에 앉아 덜 불어난 때만 죽어라고 밀고 있다가 한증막에 슬쩍 들어가 보기도 하는데, 온탕과 냉탕을 오가며 부산을 떨던 그녀도 한증막에 당당히 들어선다. 동네 아줌마 여럿이 진을 치고 앉아 있다가 시선을 그녀에게 꽂는다. 그중 뱃살이 아래위로 출렁거리는 거구의 아줌마가 백살공주를 보고 묻는다.

"댁은 나이가 어떻게 되는지는 모르겠지만, 어찌 그리 몸매가 날씬하고 피부는 백옥 같수? 도대체 비결이 뭐유?"

"그래, 비결 좀 가르쳐 줘요." 옆에서 다른 아줌마가 또 거든다.

이쯤되면 얼음이 든 녹차를 우아하게 마시고 있던 그녀가 우쭐해지기 시작한다.

'후훗, 그래도 보는 눈들은 있어서….' 하는 흐뭇한 표정으로 약간 머뭇거리며 간격을 두다가 목소리를 최대한 낮추며 대답한다. 물론 코맹맹이 소리다.

"딱히 비결은 없구요. 평소에 긍정적인 마인드를 갖고 생활하면서 틈틈이 교양서적도 읽고 좋은 영화도 감상하면서, 무엇보다도 과식을 하지 않는다는 것뿐이죠. 뭐."

말문이 터지자 상대방이 원하든 원치 않든, 줄곧 자신의 피부와 체형관리에 대해 장황설을 늘어놓는데 한증막의 열기도 만만찮거니와 그녀의 공주병 증세가 점점 심해지는 듯하여 나는 끝까지 듣지 못하고 한증막을 뛰쳐나온다.

정말 그녀는 사람들에게 말한 그대로 실천하고 사는지 모르지만 일단, 그녀가 적지 않은 나이임에도 환상적인 몸매와 백옥 같은 피부를 가질 수 있었던 비결은 그것이었다. 따지고 보면 나도 평소에 긍정적 마인드를 갖고 교양서적도 좀 읽으며 비록 텔레비전 영상이지만 좋은 영화도 골라가며 자주 본다. 그런데 왜 나는 그녀처럼 쭉쭉빵빵한 몸매와 우유 빛깔 같은 고운 피부를 갖지 못하는 걸까. 그래, 그녀는 과식을 하지 않는다고 했다. 그게 나랑 다른 점일까. 혹시 내가 그녀의 근처에도 못 가는 이유가 저녁을 일찍 먹은 날, 밤 아홉시 쯤이면 배가 출출해져서 이따금 챙겨먹는 야식 때문은 아닐까. 하지만 아무리 생각해봐도 그것만으로 이렇게 차이가 난다는 것은 이해하기 힘들다. 그녀가 비결 중 한 가지는 끝까지 숨기고 말하지 않았을지도 모른다는 억측까지 해본다.

어찌되었건 그녀가 살아가는 방법엔 속이 훤히 보인다. 시간에 목 졸리며 항상 허둥지둥하는 나와 달리 그녀의 걸음걸이는 급할 게 없다. 목소리도 언제나 나긋나긋하다. 정장을 고집하는 내 모습과는 대조적으로 그녀가 입은 옷은 하늘거리는 레이스가 잔뜩 달려있다. 마트에서 우연히 만난 그녀와 내가 저녁 찬거리를 사서 아파트 출입구에 들어서면 바깥에서 주차를 도와주던 경비실 아저씨가 나는 대충 지나치고 그녀 쪽의 짐을 받아 승강기까지 날라다 준다. 그녀는 명절마다 경비실 아저씨에게 작은 인사치레라도 하는 건가. 그녀가 나보다 더 연약해 보여서일 게라며 구겨진 자존심을 회복하기 위해 무지 애를 쓴다. 아마도 그녀의 콧소리에 넘어가지 않을 남자는 이

지구상에 단 한 사람도 없을 듯하다.

그녀의 남편이란 사람도 어찌 보면 꼭 팔불출 같다. 어딜 가나 마누라 자랑에 침이 마를 날이 없다. 가끔은 이런 팔불출 남편을 가진 그녀가 부러울 때도 있다. 비교하는 건 아니지만, 우리 집 무뚝뚝한 양반은 마누라 칭찬에 무척 인색하다. 마음에 없는 소리라도 남들 앞에서 내 마누라가 최고라고 말해주면 어디가 덧나는 걸까. 팔불출이라는 비난을 들을지언정 기분 좋게 한마디 던져주면 업고라도 다닐 텐데 그것이 그렇게 어려운가.

어떤 때는 공주병인 그녀보다 내가 더 심각한 병에 걸린 것은 아닐까 생각해 본 적이 있다. 그녀의 출중한 외모와 너무도 당당한 자신감에 압도당해 그녀 옆에 나란히 앉기가 부담스러울 때가 있다. 그러나 지금에 와서 나는 그녀처럼 외모를 가꾸거나 코맹맹이 소리를 만들어 낼 자신이 없다. 그녀와 나에게는 엄연히 다른 특별구역이 정해져 있는 것만 같다. 그녀만의 영역 안에 감히 내가 침범해서는 안 된다는 불문율을 어느새 마음속에 새기고 있는 것은 아닐까.

시시때때로 그녀는 주위 사람들에게 묘한 매력을 발산한다. 어떤 이들이 질투 섞인 비아냥거림을 노골적으로 드러내어 백설공주를 울릴 때도 있지만 그녀는 자신을 하늘이 내려준 절세미인으로 생각하면서 오늘도 대부분의 시간을 거울 앞에서 보낸다. 팔불출인 그녀의 남편은 언제까지 아내에게 칭찬 일변

도의 멘트를 날려줄 수 있을까. 아마도 그녀와 백년해로를 할 수 있는 반쪽은 남편도, 경비아저씨도 아닌 아름다운 외모를 영원히 비춰줄 수 있는 거울뿐인 듯하다.

“거울아, 거울아, 이 세상에서 누가 제일 예쁘니?”

“이 세상에서 제일 예쁜 사람은 바로 백살공주님이에요.”

빈터에 서서

칼과 도마

몸 지체 비상회의록

봄날 만들기

파란대문

한계령 정상에서 부르는 〈한계령〉

불 꺼진 방

파로호에 잠긴 초록별을 낚다

정情, 정淨, 정靜

아주 오래된 그들

빈터에 서서

어머니가 살던 집 빈터에 잡초가 무성하다. 관절염으로 다리를 끌고 다니다시피 하면서도 자투리땅을 놀려두기 싫어 텃밭을 일구고 화초를 가꾸던 어머니였다. 시골 들길에서나 흔히 보는 개망초가 무슨 바람을 타고 이곳까지 날아왔는지 도심지 한복판에 터를 잡고 수북이 솟아올라 팝콘처럼 하얀 꽃을 마구 터트려놓았다.

저녁 어둑발이 자옥해지면 문창살에 비친 나무 그림자가 이승의 어두컴컴한 시간을 설렁설렁 흔들어보기도 하는데 생의 경계를 이미 넘어선 듯 앞산 능선은 고요히 깊어만 간다.

어머니는 그 먼 길을 어찌 홀로 가셨을까. 행여 방향을 잃고 어딘가를 떠도는 건 아닐는지. 조금만 더 기다리셨다면 마지막 가시는 순간이라도 지켜드렸을 텐데 무엇이 급해 그리 바삐

가셨을까. 해마다 꽃은 새로 피건만 한 번 가신 어머니는 다시 오지 못하고 천지 사방에 지천으로 솟아오른 개망초처럼 원망 섞인 그리움만 가슴 속에 차오른다.

무심코 그 꽃을 한 움큼 휘어잡아 꺾었다. 난데없는 억센 손길에 허리가 꺾인 개망초 꽃대가 낯빛이 하얗게 질려 몸을 떤다. 어머니가 보고 있었다면 생명을 하찮게 여긴다고 등짝이라도 한 대 얻어맞았을 터인데 적막에 잠긴 빈터엔 아무런 인기척도 없다.

가끔 어머니의 부재를 잊고 시장 길을 내려가다 난전의 과일장수를 만나면 습관처럼 큰 무더기의 과일을 사게 된다.

"두 집에 나눌 거니까 반반씩 따로 담아주세요."

덤까지 받아 넣은 과일 봉지를 기분 좋게 양손에 나눠 들고 친정집을 향해 걷다가 어느 순간, 발걸음을 뚝 멈춘다.

"내가 지금 어디로 가고 있는 거야?"

쓴웃음을 짓다 말고 그만 눈시울을 붉힌다. 과일봉지를 들고 아무리 빨리 달려가도 어머니가 그 대문을 열고 나올 까닭이 없다.

서글픈 마음을 뒤로하고 빈집 터를 빠져나와 우리 동네 버스 정류장으로 향한다. 이 즈음이면 큰아이가 학교에서 돌아올 시간이다. 며칠째 시험 공부하느라 늦게까지 학교에서 머문다. 할 수만 있다면 아이에게 힘든 일은 뭐든지 내가 대신해주고 싶지만 그럴 수 없으니 가슴만 아려온다. 세상에서 가장 깊은 인연을 맺은 사이지만 자식의 마음을 모두 헤아릴 수 없고 좋은 부모가 되기란 쉬운 일이 아니라는 걸 알기에 이따금 마음 한곳이 먹먹해온다. 모든 걸 다 내주어도 밑 빠진 독에 물 붓는 격으로 자식에게는 부모가 채울 수 없는 부분이 있다.

내 아이는 알고 있을까. 엄마도 약한 인간이라는 것을. 엄마라는 이름의 여자들은 모두 가끔은 남 몰래 울기도 한다는 것을 말이다.

하기야 나도 고등학교를 졸업할 때까지 어머니는 당연히 '원더우먼'이라 생각했다. 어머니는 아무리 힘든 일도 다 해내고, 내가 아무리 속을 썩여도 참아내고, 몸이 가루가 되더라도 아무렇지도 않은 사람인 줄만 알았다. 당신도 나와 똑같이 힘들고 속상하고 배고프다는 걸 뒤늦게야 깨달았지만 이미 때는 늦어버렸다. 단 한 번도 어머니의 힘든 삶을 위로하거나 그것에 동참해 볼 노력을 하지 않았던 지난날이 이제야 절절한 후회로 남는다.

고달픈 하루와 싸우다 지친 아이가 파란색 버스를 타고와 정류장에 내린다. 힘들었는지 많이 수척해진 얼굴이지만 엄마를 발견하고는 싱긋이 웃는다. 그나마 기다린 보람으로 반가운 얼굴을 대면할 수 있다는 것은 얼마나 행복한 일인지 모른다.

꼭 와 주기를 기대하며 간절히 기다려도 오지 않는 사람이 있기도 하다. 눈이 빠져라 기다려보지만 매정하게도 기다리는 사람이 오지 않는 날도 있다. 긴 시간을 한곳에 시선을 걸어두고 있다가 인제 그만 들어가야겠다고 포기하면서도 눈길은 자꾸만 뒤쪽을 향한다. 내가 돌아간 조금 뒤에 그가 오지는 않을까 주변을 잠시 서성거려보기도 하지만 결국 혼자인 채 골목길로 힘없이 걸어 들어간다.

금방 오겠다던 사람이 그 시간에 맞춰 오지 않으면 처음엔 화가 났다가 시간이 지날수록 슬슬 불안해진다. 무슨 일이라도 생긴 건 아닌지 가슴은 자꾸만 방망이질을 한다. 기다림이 그리움이 되고 그리움이 걱정이 되고 걱정이 애간장을 태우지만 그래도 아직 기다림의 대상이 있다는 것은 행복한 일이다. 아무도, 어떤 시간도 기다릴 이유가 없는 삶은 얼마나 지루하고 헛헛할까.

기다려도 오지 않는 날의 모든 시간들이 결코 헛된 것만은 아닐 것이다. 기다림의 시간이 길면 길수록 그에 대한 그리움은 오히려 더 깊어진다. 그 오랜 과정이 없다면 기다리는 사람에 대한 애틋함은 아마도 가식에 불가한 것일지도 모른다.

아이를 기다려 본 사람은 안다. 내 어머니가 나를 기다려 주었던 것처럼 기다림만으로 한 생이 후딱 지나가 버린다는 것을 말이다. 기다림이 길어져 머리가 희끗희끗해지는 동안 아이들은 훤칠한 키의 성인으로 자라나고 어느 순간, 그렇게 서로 있던 자리를 맞바꾸어 내가 섰던 그 자리에 어른이 된 내 아이가 다시 서는 모습이 바로 인생이라는 것을 깨닫게 된다.

우리가 낡은 삶을 걷어내고 기다림의 새 벽지를 도배하는 것도 새롭게 열릴 희망의 날들이 반드시 올 것이라 믿기 때문이다. 정녕 진정한 기다림이란 누군가의 시詩처럼 마음속에 차갑고 슬픈 호수 같은 걸 하나 담아두어야만 가능한 것이다.

늦은 시간, 먼 곳으로부터 달려올 어떤 그리움 하나를 묵묵히 기다리며 어머니가 처음 섰던 그 자리에 나 홀로 다시 서 있다.

칼과 도마

악연이다. 너와 나 사이엔 오로지 끊임없는 전쟁만이 계속될 뿐이다. 그 뻔뻔한 낯짝이 이제 막 물오른 듯한 싱싱한 야채를 만나 어떻게 요리해볼까 깐죽대는 꼴이란 차마 두 눈 뜨고는 못 볼 만큼 아니꼽다. 너는 유달리 고깃덩이를 선호했다.

정육점에서 뭉텅이로 잘라온 아직 붉은 피가 뚝뚝 떨어지는 홍두깨살을 보는 네 얼굴에 화색이 돈다. 아무도 알지 못하지만 네 몸 위에 던져진 제물을 향해 너는 사악한 뱀처럼 혀를 내밀어 그 뜨거운 피를 빨아들인다.

너의 몸과 더불어 뒹굴던 다른 매운 몸들이 질투로 활활 타오른 내 손에 의해 으깨어지고 짓이겨진다. 선창가의 비릿한 심장들이 파닥이며 너의 가슴팍에 안겨들 때 네 입가에 번지는 야릇한 미소가 부아를 치밀게 한다.

너는 근본을 속일 수 없는 원초적 카사노바!

인간 세상에서는 이렇게 앙숙인 우리를 왜 인연패로 짝 지워줬는지 원망 아닌 원망을 해보곤 하지만 쉽게 팔자를 고칠 수도, 운명을 바꿀 수도 없는 터이라 스스로 속을 달랠 수밖에 없다. 그러나 마냥 그 모습을 바라만 보고 있을 내가 아니다.

주인을 꼬드겨 몸을 숫돌로 단련시키고 시퍼런 날을 세워 네 등짝을 난도질한다. 그럴 때마다 형광등은 얼굴색이 하얗게 질렸다. 쾌락의 순간은 짧으나 고통의 시간은 길다는 말이 실감났을 게다. 너의 배 위에서 뒹굴다가 내 손에 처단되는 어쭙잖은 속물들과 그것을 안타깝게 지켜보는 네 모습에 속으로 쾌재를 부른다.

머뭇거림도 거절도 없이 너는 누구에게나 네 몸뚱아리를 쉽게 내준다. 원하는 자라면 맘껏 너를 탐닉한다. 언제나 지극히 관대한 너의 태도가 내 눈에는 가시였다.

천하의 바람둥이인 너를 철저히 응징하고 처단하는 일이 나의 일과가 되었지만 아무리 혹독하게 단죄해본들 너의 타고난 바람기를 잡기 힘들다는 걸 나는 잘 안다.

끊임없는 공격에 두 손 들 법도 하건만 너는 단 한 번의 신음도 없이 용케도 그 순간들을 잘 참아낸다. 반격도 저항도 없다. 어쩌면 내가 독이 올라 날뛰는 모습을 너는 눈을 지그시 감은 채 즐기고 있는 건 아닌지.

한바탕 칼바람을 일으키고 나면 인간세계의 절대자가 나타나 측은지심에서인지 피투성이가 된 서로의 몸에 찬물을 확 끼얹는다. 그리고는 바깥출입이 용이하지 않은 우리를 위해 가끔은 일광욕을 시키기도 한다.

어느 해맑은 날, 나는 보았다. 비스듬히 가스통에 기댄 벗은 몸을, 길게 혀를 빼 문 햇살이 다가와 핥아줄 때 움찔움찔 놀라는 듯한 너의 어깨를. 네 몸 깊디깊은 곳까지 파고든 무수한 상처의 냄새들을 지척에서 맡았다. 등짝에는 그동안 내가 무수히 내리찍은 상처로 이제는 어떤 것으로든 메꿔질 수 없을 만큼 견고한 무늬가 새겨져 있었다.

내 안에 도사린 너에 대한 미움의 벽이 사정없이 허물어지기 시작한 것은 그때부터였다. 무엇에 굶주린 듯 깊게 파인 너의 상흔. 토막 난 죽은 몸들의 피거품을 물던 너는 죽지 않을 만큼의 상처를 보듬으며 그 암울한 시간들을 나와 겉돌았던가.

네가 지켜온 시간, 핍박의 순간에 의연하게 대처할 수 있었던 힘은 너의 품에 느껴졌던 다른 몸의 맨 처음 감촉을 언제나 기억하고 있었기 때문이었을까.

너의 상처가 깊을수록 이상하게도 나는 힘이 쭉 빠졌다. 잘게 다져지고 쉽게 토막나던 제물들이 예전처럼 단번에 절단되지 않는다. 움푹 파인 네 몸의 상처로 날이 부러지는 아픔까지 맛보아야 했다. 가끔은 그것에 화가 치밀어 서슬 퍼런 얼굴로 너의 심장을 겨누지만 깊은 상처는 견고한 성벽처럼 도리어

나를 튕겨내곤 했다. 무수한 난도질로 어느 한곳 성한 데가 없던 네 몸은 세월의 때에 전 손금처럼 좌우로 무질서한 잔가지를 내다가 이제는 그 상처들이 모여 완벽한 하나의 조직을 이루어놓았다.

고통의 절정에서 느끼는 야릇한 카타르시스처럼 나른하고 편안한 잠을 청하는 너.

이런 악연인 줄을 아는지 모르는지 세상은 여전히 우리 사이를 떼어놓지 않는다.

달콤한 환상의 세계를 맛보기도 전에 질투의 화신인 내 손에 무차별 공격을 당하는 너는, 이미 오래전 낡은 코트 주머니 속에서 꾸깃꾸깃해진 연민의 정이 담긴 쪽지를 꺼내 펼쳐보도록 만든다.

문득 우리의 이런 엽기적인 행각이 인간세계의 사디스트나 마조키스트와 같다는 생각을 한다. 극한 아픔의 순간을 아무 소리 없이 참아내고 상대방에게 말할 수 없는 고통을 주면서 그걸 지켜보며 쾌감을 느끼는 변태들이라며 혹자는 우리 커플을 비웃을지도 모르겠다.

하나 우리의 완벽한 궁합이 이뤄지지 않았던들 인간들에게 차려지는 진수성찬을 언감생심 꿈이라도 꿀 수 있었으랴. 남들이 뭐라 하든지 나는 우리 커플의 악연이 계속 이어지길 바랄 뿐이다.

신전에 제물이 오르면 짐짓 엄숙해진다. 숫돌에 갈아 시퍼렇게 날을 세운 내 몸이 이제 후끈 달아오른다.

도마에게 묻는다.

"너, 지금 떨고 있니!"

몸 지체 비상회의록

바람 세차게 불던 날, 몸 지체들이 모여 비상회의를 하였다. 음식 냄새만 나면 온 사방을 두리번거리며 기어코 무엇인가를 찾아내고야 마는 절대 후각의 소유자, 벌렁코가 제일 먼저 일어나 말했다.

"여러분, 지금같이 어려운 때에 우리 중에 혼자 놀고먹는 못된 백수가 한 놈 있습니다. 바로 저하고 제일 가까이 사는 입이라는 놈인데 그 놈은 먹고 싶은 음식은 혼자 다 먹고 또 그 힘으로 할 말, 못 할 말 가리지 않고 내뱉는 아주 나쁜 놈이올시다. 이런 놈을 어찌 우리가 그냥 보고만 있겠습니까?"

벌렁코가 던진 말에 탁자 바닥에 짓눌려 있던 못생긴 발이 맞장구를 쳤다.

"저도 입이란 놈 때문에 죽을 맛입니다. 우리 주인이 너무 많이 먹어서 얼마나 체중이 많이 나갑니까? 그 육중한 몸무게 지탱하기도 힘든데 요즘은 몸짱이 되겠다고 얼마나 뛰던지 발이 아파 참을 수가 없습니다. 내가 왜 이런 고생을 해야 합니까? 저 입이 혼자만 많이 먹어서 우리 주인이 살이 찐 것이고 그래서 제가 이렇게 고생하는 것 아니겠습니까?"

그때 너무 힘든 일을 많이 하여 굳은살이 깊이 박인 손도 벌떡 일어나 말했다.

"입은 건방지기까지 합니다. 마당에 있는 저 개나 닭들을 보세요. 제 스스로 먹이를 잘도 찾아 먹습니다. 그런데 꼭 입은 이것 갖다 달라, 저것 갖다 달라 하며 심부름만 시키고 도무지 제 스스로는 아무 일도 하지 않고 오로지 먹기만 합니다. 이런 입의 소행을 보면 속이 메스꺼워 단 하루도 견딜 수가 없습니다."

침묵을 지키며 매서운 눈초리로 몸 지체들을 둘러보던 눈이 마지막으로 말했다.

"우리 이렇게 비판만 하지 말고 저 입을 따끔하게 혼내줄 방법을 찾아 실행에 옮기도록 합시다. 앞으로는 맛있는 음식이 있어도 절대 보지도 말고 냄새 맡지도 말 것이며 입에게 가져다주지 맙시다."

눈의 제안이 회의에서 통과되어 즉시 입을 굶기게 되었다. 사흘째 되는 날이었다. 손과 발은 후들후들 떨었고 눈은 앞이 흐릿해 아무것도 볼 수 없었다. 코는 사방에서 풍겨오는 음식 냄새로 환장할 지경이 되었다.

그때까지 침묵을 지키던 입이 말했다.

"여러분, 우리 이러다간 모두 다 죽습니다. 제가 저 혼자 살려고 먹습니까? 여러분들을 위해 먹는 것입니다. 먹는 일도 쉽지 않습니다. 음식을 씹다가 혀를 깨물기도 하고 날카로운 가시에 입안이 찔리기도 합니다. 또한 맵거나 짠 음식이 들어오면 입안이 화끈거리고 목이 따가워 삼키기조차 어렵지요. 그렇다고 제가 먹지 않으면 여러분들이 어떻게 되겠습니까? 저도 힘든 때가 한두 번이 아닙니다. 그러니 저 혼자 먹는다고 너무 섭섭해 마시고 서로 도와가며 삽시다."

지쳐있던 몸 지체들은 그제야 수긍을 하였고 마지못해 다음과 같이 비상회의록을 수정하였으며 이것을 소중히 간직하여 자손만대까지 전하였다.

"모든 지체들은 제각기 다양하다. 재능도 성품도 취미도 모두 다르다. 하지만 나와 다르다는 것이 틀린 것은 아니다. 내가 이러하니 너도 이러해야 한다는 것은 이치에 맞지 않다. 더불어 사는 세상에서는 나와 다른 성향의 지체들을 이해하지 않으면 안 된다. 나와 다르다고 무조건 잘라내고 작은 이견 앞에서도 언성을 높인다면 지체들은 결코 한몸이 되지 못한다. 다른 지체를 이해하거나 오해하는 것은 마음과 생각의 크기에서 온다. 지체 사이의 사소한 차이를 사랑과 용서로 감싼다면 모든 지체 안에서 기쁨이 넘쳐나는 것을 깨닫게 될 것이다."

봄날 만들기

바깥의 찬 기운이 피부에 와 닿는다. 몸이 자라목처럼 움츠려드는데 화단 왼편에 우두커니 선 모과나무 한 그루가 나와 눈이 맞았다. 늘 그 곁을 지나다녔지만 죽은 듯 기척이 없던 나무다. 그런데 지금 자세히 보니 가지마다 툭눈이 금붕어 눈알처럼 꽃눈과 잎눈들이 불거져 나온 게 아닌가. 무심코 지나칠 땐 보이지 않더니 관심을 가지니 비로소 눈에 띈다.

올망졸망 달라붙은 작은 생명의 움 돋음이 대견스럽다 못해 앙증맞기 이를 데 없다. 모든 생물들이 자연의 순리에 따라 나고 자라고 죽지만, 새 생명이 탄생하는 순간만큼은 신비롭다 못해 경건해지기까지 하나 보다.

창문 밖 풍경이 화들짝 흔들린다. 푸나무서리의 잔가지를 오르내리며 바삐 움직이는 딱새들이다. 어림잡아도 서른 마리가 넘어 보인다. 등은 파랗고 가슴과 배는 노랗다. 눈에 넣어도 아프지 않을 만큼 귀엽고 작은 몸이 고무공처럼 통통 튄다.

새들의 다리엔 우리가 볼 수 없는 미세한 스프링이라도 장치되어 있는 걸까. 무엇을 찾고 있는지 작은 부리로 나뭇가지를 쪼기도 하고, 이 가지 저 가지로 건너뛰기도 한다. 짐작 같아선 벌레 같은 먹이를 찾겠지만 어찌 보면 먼 곳으로부터 물고 온 봄을 숲마다 돌아다니며 퍼뜨리려는 익숙한 몸짓들 같아 보인다.

하늘에서 쏟아져 내린 작은 새떼들은 양지에 앉아 계절 감각없이 피고 지는 개나리꽃 가지와 함께 한동안 그렇게 출렁거린다.

새들은 나뭇가지라고 하기엔 너무도 연약한 잔가지에 몸을 의지하고 있다. 제멋대로 휘늘어진 가지가 '뚝' 하는 소리를 내며 부러지지나 않을까 조바심이 일었지만 작은 새들이 찾아든 그 숲에도 엄연한 질서가 있음을 알게 된다. 아무리 한곳에 먹이가 많아도 새가 먼저 앉아 있는 가지에는 다른 새가 날아와 앉지 않는다. 일지일조一之一鳥다. 갑자기 날아든 새 무리로 인해 나뭇가지가 부러질지도 모른다는 나의 조바심은 이내 사라진다. 그들은 철저하리만치 말없는 숲속의 법칙을 지켜가고 있었다. 가진 것이 아무리 많아도 더 커 보이는 남의 떡을 차지하려고 탐욕스런 손을 내미는 인간들보다 저 작은 새들이 한 수 위라는 생각이 든다.

가끔 겨울 산행을 한다. 산을 오를 때보다 내려갈 때가 더 힘들다. 가파른 길로 접어들면 발이 미끄러워 등산로 양쪽에 곧게 뻗은 나뭇가지를 의지 삼아 붙들 때가 많다. 그러나 눈에 보이는 것이 모두 진실만은 아닌가 보다. 단단히 지탱해주리라 믿었던 곧은 가지가 내 몸무게를 못 견디고 꺾여 중심을 잡지 못한 둔한 몸을 사정없이 아래로 추락하게 만든다.

부나사리 없어 보이지만 떨어지면서 황급히 손에 감아 쥔 칡넝쿨이 오히려 위태로웠던 몸을 앙버텨준다. 믿었던 도끼에 발등 찍히고 기대하지도 않았던 지푸라기에 목숨을 구한 격이라니.

등산을 물리치고 단학수련을 시작하게 된 동기도 다른 운동보다 훨씬 쉬워 보였기 때문이었다. 빠른 리듬에 몸동작을 맞춰야하는 헬스나 에어로빅은 내게 맞지 않다. 천성이 느리고 무뎌 그저 몸이나 가볍게 푸는 운동이 알맞다. 그러나 이런 선입견은 수련 첫날부터 여지없이 깨어지고 말았다. 눈으로 보기엔 아무것도 아닌 것처럼 쉬워 보였는데 정해진 시간 동안 한 가지 동작으로 계속 버텨야 하는 것은 차라리 고문에 가까웠다. 두 손을 가지런히 모으고 기도하는 자세를 느린 동작으로 나눠 오 분 동안 취하라니 이 무슨 해괴한 수련인가. 그래서 무슨 운동이 될까. 단숨에 해버리고 다음 동작에 들어가면 될 일을 왜 그렇게 시간을 낭비하는지 초급 수련생은 헤아릴 길이 없었다. 온몸의 기운을 단전에 모르고 호흡을 참는 일도 예삿

일이 아니었다. 빠른 리듬에 정신없이 몸을 흔드는 에어로빅이 차라리 이것보다는 나을 거라는 생각이 때마다 나를 꼬드기기 시작했다. 그나마 미리 낸 회비가 아깝다는 생각에 울며 겨자 먹기로 수련을 계속했다.

결과는 의외였다. 고통을 참으며 동작을 하나씩 배워가는 중에 내 몸과 마음은 몰라보게 나아져 가고 있었다. 허리디스크 때문에 일주일에 두세 번씩 침을 맞고 물리치료를 해왔는데 단학을 하고 난 뒤로는 침술원이나 병원신세를 면하게 되었다. 척추를 곧추세우며 머리끝부터 발끝까지 근육 하나하나를 풀어주니 허리 통증도 가시고 몸은 전보다 훨씬 가벼워진 듯 했다.

신체 수련이 끝나면 명상의 시간이다. 그때 나는 한 그루의 느티나무가 된다. 새들이 내 몸에 둥지를 틀고 시원한 바람이 내 어깨를 쓰다듬는다. 잠시 쉬어감의 의미보다는 혼탁한 나의 혼을 맑게 씻어주는 자유롭고 경건한 세계로 인도하는 시간이다.

처음이 어렵다고 쉽게 포기했다면 이런 기쁨과 평화를 맛보긴 힘들었을 게다. 예전엔 버스나 지하철을 타면 빈자리가 없나 두리번거리다가 염치불구하고 좁은 틈새라도 몸을 디밀곤 했다. 이제는 적어도 억지로 몸 끼워 넣기는 하지 않는다. 염력이 길러졌다고나 할까. 인내력이 깊어졌다고 할까. 아니면 염치가 생겨졌다고나 할까. 부드러운 것이 결코 약하지 않았고 미세한 움직임이라고 콧방귀 뀌며 만만하게 볼 것이 아니었다.

상큼한 바람이 코끝을 스민다. 날갯죽지 색깔이 엷은 갈색인 또 다른 딱새 무리들이 결혼식 날 신부가 던진 부케처럼 가볍게 숲속으로 떨어진다. 귀여운 부리엔 봄 엽서 한 장씩을 야무지게 물고 있다. 꽁꽁 언 겨울처럼 마음의 문을 닫아 두었다면 이런 조화 속 같은 봄을 어찌 훔쳐볼 수나 있었을까.

각자의 삶 속에 펼쳐진 행복의 지평은 누구에게나 별만 다르지 않으리라 생각된다. 문제는 행복의 총량을 느낄 수 있는 능력이라고 본다. 자신의 일상 속에서 마주치게 되는 행복의 지평을 향하여 얼마나 마음을 열어놓는가에 따라 행복지수는 크게 달라지지 않을까. 요즘 나는 내세울 일도 없이 부쩍 바쁘다. 큰 도움이야 못되겠지만 내 손길이 필요한 곳이라면 짬을 내어 찾아간다. 내가 베푼 조그만 봉사로 어려움을 겪던 사람들이 잠시라도 행복해 하는 모습을 보면 무료했던 삶이 한결 풍요롭게 느껴진다. 그러고 보니 계절은 저절로 찾아오는 게 아니라 각자의 마음속에서 만들어 내는 것인가 보다. 내게 있어 인생의 봄날이란 바로 지금이 아닌가 한다.

봄에 보이는 작은 새들이 어쩌면 겨울 하늘을 받들고 서 있던 저 아름드리나무의 빈 몸통에서 이제 막 태어났을지도 모른다는 엉뚱한 생각을 해본다. 한동안 새벽녘의 도깨비 시장처럼 왁자지껄하더니 언제 그랬냐는 듯 푸나무서리가 고요하다.

물어온 봄소식을 더 먼 곳에 전해주러 딱새 우체부들은 벌써 떠난 모양이다.

파란 대문

헐거운 나무 대문이 삐걱거린다. 군데군데 나뭇결이 쩍쩍 갈라져 성긴 틈사이로 바깥 풍경이 수시로 드나든다. 조심스럽게 여닫지만 대문은 항상 불편한 심기를 드러내었다. 문간방 아이는 바깥출입을 할 때마다 주인집 눈치가 보였다. 셋방 구할 때 아이들 숫자가 많다고 방을 선뜻 내주지 않던 집주인에게 사정사정해서 들어오다 보니 조심스럽기는 부모님들이 더하였지 싶다.

셋방살이하는 사람들은 무엇보다 참을성이 있어야 하는데 주인집 아이와 자기 집 아이가 싸웠을 때는 특히 그렇다. 아무리 자기 집 아이가 힘이 세고 잘났다 해도 절대로 주인집 아이를 이겨먹게 내버려둬서는 안된다. 어쩌다 그런 일이 생기면 잘잘못을 가리기도 전에 어머니는 마당에 세워둔 빗자루로 내

등짝을 먼저 후려쳤다. 억울한 심정에 방에 들어와 그 아이의 잘못을 일러바치면

"너 내일 또 이사 가고 싶냐?"

이 말 한마디로 모든 것은 정리되었다.

아버지가 늦은 저녁까지 집에 들어올 기미가 보이지 않으면 어머닌 자투리 천을 잇대어 만든 오색 밥상보로 저녁상을 덮어놓고 미리 대문밖에 나가 진을 쳤다. 이제껏 오지 않는다는 것은 필시 술자리가 벌어졌다는 이야기일 터, 혹시라도 빨리 대문을 열어주지 않으면 취기에 대문이라도 걷어차면 어쩔까 하는 마음에서였다. 앉은뱅이책상에서 남은 숙제를 하고 있노라면 골목 저 끝에서부터 아버지의 둔탁한 발걸음 소리가 울려온다. 굳이 발소리를 확인하지 않더라도 음정, 박자를 무시하며 고래고래 악쓰는 듯한 노랫소리가 먼저 아버지의 행차를 알려왔다.

"아~아, 으악새 슬피-우-니 가으을 이-인가아--요? "- 이 신호가 들려오면 동생과 장난치던 오빠는 짐짓 상기된 얼굴이 되어 바깥으로 얼른 뛰어나갔고, 더딘 숙제를 하던 내 연필심은 갑자기 열 칸짜리 노트를 두 칸씩 질러갔다. 골목 입구로 달려나가 비틀거리던 아버지를 부축해오는 어머니는 제발 조용히 하라고 입에다 검지손가락을 몇 번이나 들이대며 아버지의 고성방가를 저지했다. 이쯤 되면 주인집에서 현관문을 삐끔 열고 또 시작이라는 듯 곱지 않은 눈길을 보내고서는 문을 야멸

치게 닫고 들어간다.

문간방에 살 때는 아버지의 술 한 잔이 곧 비상 발령이었다. 하루는 어머니가 외할머니 댁에 갔을 때다. 결국 우려했던 일이 벌어지고 말았다. 그날은 웬일인지 아버지가 노래도 부르지 않고 집으로 돌아왔는데 문을 빨리 열지 않는다고 대문을 발로 차며 큰 소리를 냅다 질렀던 것이다. 급기야 주인집에서 나오고 술 취한 아버지와 말다툼이 벌어졌다. 주인집 아줌마는 당장 방 빼라고 고함을 쳤고 아버지는 더러워서라도 나간다며 아무 죄도 없는 대문을 분풀이하듯 걷어차며 맞장을 떴다. 내일 쫓겨날 생각을 하면 내심 걱정이 앞섰지만 밉살스러운 주인집을 향한 아버지의 반격이 여간 통쾌한 것이 아니었다. 그때만큼 아버지가 커 보인 적은 일찍이 없었던 일이었다.

다음 날, 어머니가 돌아와 사태를 파악한 뒤 코가 땅에 닿도록 고개를 조아려 주인집에 사과하고 나서야 이 사건은 잠잠해졌다.

얼마 뒤에 주인집에서는 대문에 파란 페인트를 칠했다. 새 옷을 갈아입은 대문은 어쩌면 절망으로 가득 찬 그 집 안을 희망으로 바꿔놓는 듯한 착각에 들게 했다. 돌쩌귀도 새것으로 갈았는지 아무리 문을 여닫아도 대문은 이렇다 할 기척이 없었다. 유성페인트로 칠해진 대문은 자신이 입은 새 옷이 몹시 갑갑한 듯 보였다. 투박한 나뭇결은 그날로 가쁜 숨을 몰아쉬며 덧칠된 색깔처럼 파랗게 질려가는 것 같았다. 파란 색깔이 낯설기라도 한 듯 맞은편 집 강아지는 가끔씩 대문을 보고 생각 없이 짖어댔다. 차라리 대문이 낡았을 때가 좋았다. 눈을 감고 들어와도 삐걱거리는 소리만으로 여기가 우리 집인 것을 확인할 수 있었는데. 삐걱거리는 소리조차 내지 못하는 대문은 한바탕 소동을 일으킨 뒤로 주인집 사람을 만날 때마다 고개를 푹 숙이고 애써 눈길을 피해가는 아버지를 이따금씩 떠올리게 했다. 술기운에 당장 나가겠노라 큰소리는 쳤지만 그 겨울에 온 가족이 거리에 나앉을 생각을 하면 머리끝이 쭈뼛 섰을 테고, 무엇 하나 가족에게 의지가 되어주지 못한 좁은 어깨가 바람 불 때마다 낡은 대문처럼 흔들거렸으리라.

그 후 오랜 세월이 지났다. 이제는 아무도 나를 '파란 대문 집 문간방 아이'로 부르지 않는다. 다만 1705호 아줌마로 불리어질 뿐이다. 아버지의 뚝배기 깨는 듯한 노래 소리도, 술 취한 남편이 어서 돌아오길 기다리며 골목 끝을 향해 종종걸음 치던 어머니의 흰 고무신 바람 빠지는 소리도 이곳에서는 다시 들려오지 않는다.

문명의 이기란 얼마나 세상을 삭막하게 하는가. 손가락이 기억하고 있는 한, 숫자와 문자가 어우러진 암호 몇 자리를 습관처럼 누르면 문은 자동으로 열린다. 늦은 저녁, 비까지 추적거리며 내리는데 직장에서 파김치가 되어 돌아온 나를 반기는 것은 차가운 강철로 된 아파트 쇠문일 뿐이다. 하루에도 몇 번씩 본래의 모습 위에 세상이 원하는 색깔로 덧칠되어 숨

막히는 시간을 보내고 온 나를 아무도 눈치 채지 못한다. 밖에 나간 사람이 들어오면 문을 열어줘야 한다는 이유로 황급히 대문 쪽으로 뛰어나가 술 취한 아버지를 맞이하였던 때는 그나마 따스한 사람의 정을 느낄 수 있었던 것 같다.

언제까지 내 둔한 머리가 동굴 앞에 선 알리바바처럼 마법의 주문을 외울 수 있을까. 쇠문의 안쪽은 어둡고 공허하다. 빈 어둠을 밀며 현관에 들어서는데, 문간방 아이로 살았던 그때의 긴 골목길이 뜬금없이 그립고, 움켜쥐었다 편 손바닥의 손금처럼 삐걱거리던 대문의 나뭇결이 새삼 선명하게 되살아난다.

한계령 정상에서 부르는 〈한계령〉

한계령을 오르며 가수 양희은이 부른 〈한계령〉을 듣는다. 한반도의 백두대간을 등골뼈 타고 내리듯 눈으로 훑어가며 그 웅장한 산세에 움츠렸던 어깨를 맘껏 펴 본다. 고갯길은 뱀이 똬리를 틀었다 풀어놓은 듯 꾸불텅꾸불텅하다. 폭이 좁은 도로의 바깥쪽으로 붙어서려니 비탈진 산의 낙석이 무섭고 안쪽에 붙어서려니 반대편에서 오는 차들의 속도에 머리가 아뜩해진다.

오르막이 많은 이곳 지형 탓이기도 했지만 십 년 이상 머슴 부리듯 했던 차를 여기 와서 냉큼 바꾼 것은 하도 고장이 잦아서였다. 장기 할부로 새 차를 사서 가장 반가웠던 일은 그동안 듣지 못했던 노래를 CD로 얼마든지 들을 수 있다는 것이었다. 고향 떠나올 때 지인이 선물해 준 CD에 이 노래가 담겨있으리라고는 생각도 못했다. 그것도 한계령을 넘는 이 순간에 그 노래가 마침맞게 흘러나왔으니 더더욱 우연만은 아니라는 생각이 들게 했다.

호소력 짙은 그녀의 노래가 한계령을 휘감고 돌며 다소 흥분이 가시지 않은 마음을 진정시키는가 했더니 후렴 부분에서는 내 가슴을 저며낼 듯 차 안 공기를 무겁게 내려앉혔다.

저 산은 내게 우지 마라 우지 마라 하고
발아래 젖은 계곡 첩첩산중
저 산은 내게 잊으라 잊어버리라 하고
내 가슴을 쓸어내리네!

아, 그러나 한 줄기 바람처럼 살다 가고파
이 산 저 산 눈물 구름 몰고 다니는
떠도는 바람처럼
저 산은 내게 내려가라 내려가라 하네!
지친 내 어깨를 떠미네!

〈한계령〉은 처음 듣는 노래가 아니었다. 그전부터 알고 있었고 가끔 라디오에서 이 노래가 나오면 조용히 따라 부르기도 했었다. 그랬던 노래가 오늘 새삼스레 내 가슴을 사정없이 파고들어 마구 뒤흔들어 놓는다. 가사 한 구절 한 구절마다 삶의 의미를 달다보니 그 노랫가락은 신神이 내게 전하는 경고 메시

지인 듯 가슴 한곳을 먹먹하게 만들었다. “한 줄기 바람처럼 살다 가고파”라는 대목에 와서는 갑자기 목구멍에 뭔가가 걸린 듯 노래를 따라 부르기가 힘들었다. 내 등에 짐 지워진 삶의 무게가 너무 버겁다고 생각한 탓이었을까. 아니면 이제껏 누군가에게 너무 많은 짐을 지우고 살아온 내 인생이 부끄러워 견딜 수 없었던 것이었을까.

〈한계령〉을 몇 번씩이나 되돌려 듣는 동안 가슴 속에서 알 수 없는 뜨거움이 솟구쳐 올랐고 하염없이 흐르는 눈물을 주체할 수가 없었다. 혼자였기에 망정이지 누군가 옆에 동행하였더라면 내가 너무 높은 곳에 올라와서 순간적으로 정신에 이상이 생긴 것이라 오해를 불러일으키기에 부족함이 없었으리라.

누군들 어깨를 짓누르는 짐보따리 하나 없이 인생의 고갯길을 가뿐히 넘을 수 있으랴. 나는 스스로 내 설움에 겨워 꺼이꺼이 곡꽃소리를 섞어가며 가슴에 묻어둔 아픔을 죄다 토해버렸다.

남들에겐 하찮아 보이는 일상이 내겐 얼마나 무겁고 소중한 것이었던가. 삶의 밧줄은 또 얼마나 팽팽하게 죄어들었던가. 그럼에도 멍든 가슴을 안고 묵묵히 살아갈 수밖에 없었던 날들이 파노라마처럼 눈앞에 펼쳐졌다 사라진다.

지금 내가 선 곳이 어디인지 한계령을 넘으며 탐색해 본다. 내 마음이 얼마나 강팍해졌으며 나의 오만함이 어디까지 치솟아 올랐는지 그 노래를 들으며 가늠해본다. 욕심내어 가지려고 했던 어떤 것들로 인해 부모의 가슴에 대못을 박고 형제간의 의리를 저버리지는 않았던가. 겉으로는 이웃에게 아름다운 장미꽃을 건네주었지만 그 속에 날카로운 가시를 숨겨두고 쉽게 아물지 않을 상처를 남겼던 적은 없었던가.

누구도 대신 지고 갈 수 없는 숙명의 짐 보따리를 저마다 지고 사람들은 높은 산을 한 걸음 한 걸음 걸어 오른다. 하고 싶은 일을 하는 것이 아니라 하지 않으면 안 될 현실에 발목 잡혀 어쩔 수 없이 살아가야 하는 지극히 평범한 우리네 모습들이 미처 녹지 못한 눈덩이처럼 저 산 언저리에 덩그마니 얹혀있다. 절박한 심정으로 오른 산은 누군가에게 쫓기고 내몰릴 수밖에 없는 삶이기에 정상에 오르더라도 뿌듯함보다는 허망한 마음이 더 큰 것이다.

어쩌면 세상은 우리에게 무거운 책임을 지게 하고 때때로 시험하는 것인지도 모른다. 정상으로 오르기 위해 옆도 뒤도 돌아보지 않을 때에는 그것조차도 깨달을 수가 없었다. 산을 내려올 때라야 비로소 모든 이의 삶을 하나로 아울러 바라볼 수 있는 혜안을 갖게 되는 것일까. 고단한 삶을 살지만 짊어진 짐을 이제 와서 내동댕이쳐 버릴 수도 없는 노릇이니 차라리 그 짐조차 내 몸뚱아리의 일부분이라 여기는 것이 옳을까.

해는 뉘엿뉘엿 지고 한계령은 이제 곧은 새 길을 내어 줄 참인가 보다. 하지만 CD 속의 그녀는 여전히 낮고도 단호한 목소리로 내게 말한다.

"저 산은 내게 내려가라 내려가라 하네. 지친 내 어깨를 떠미네."

불 꺼진 방

퓨즈가 나간 방은 삽시간에 어두운 숲이 된다. 고사목 덩치처럼 벽 한쪽으로 길게 누운 소파에 얼른 올라 앉아 고개를 조아리는 내 모습은 수풀더미 아래로 황급히 몸을 숨긴 채 웅크린 작은 산짐승의 형상이랄까.

길이란 길은 모두 지워지고 숲을 점령한 어둠에 항거하는 것은 푸르디푸른 잎새를 기억하는 단단한 그리움들뿐이다. 때로는 바람과 몸을 섞은 나무들 서넛, 그 흔적을 애써 잊으려는 듯 고개를 떨군다. 지난가을, 창 밖에서 활활 불타던 단풍나무는 참다못해 그 열기를 몸 밖으로 마구 뿜어내었다. 하지만 사랑의 흔적을 아무도 죄라고 나무라지는 않았다. 가을 나무들이 잎새를 빨갛게, 혹은 샛노랗게 물들이는 것은 그리움의 상처를 감추기 위한 그들만의 위장술인지도 모른다.

낡은 퓨즈가 끊어져버린 어두운 방에서는 바깥 창문에 부딪치는 작은 벌레들의 소리까지 또렷하게 들린다. 골목길을 밝힌 황홀한 가로등 불빛의 맨홀 속으로 하루살이 떼들 일제히 빨려 들어간다. 빛의 유혹에 걸려들어 우린 그동안 얼마나 많이 헛발을 짚으며 나뒹굴었던가. 눈부시고 화려한 수식어들에 눈이 멀어 하늘 높이 떠올려진 무지개를 좇아 다녔지만 빛의 길은 하염없이 멀고도 험했다. 넘어지고 깨어져 아물지 않은 생채기 위에 마구 내리쬐는 빛은 무척이나 따가웠고 오래도록 그 부위를 덧나게 했다. 빛은 그 눈부신 프리즘을 통해 아픈 상처를 드러나게 하고 초라한 뒷골목의 쓰레기 더미마저 속속들이 헤집어놓지만, 어둠은 아름답거나 추하거나 세상의 모든 물상을 생긴 그대로 품을 줄을 안다.

사각 도시락에 담긴 찬밥처럼 어둠 속에 갇혀보는 일이 그리 생소하지는 않다. 어릴 적, 내게만 무심해 보였던 부모님을 시험해보려고 스스로 헛간 속의 어둠을 찾아들었던 기억이 떠오른다.

그 해 동짓달 어느 아침, 어머니께 밀린 육성회비를 달라고 했다. 며칠만 더 기다리라는 상투적인 반응에 시큰둥해져서 입을 댓 발이나 내놓고 문 앞에 버티고 서 있었다. 중학교에 다니는 오빠는 벌써 육성회비를 받아갔고 며칠 전에는 시험에 대비한다며 참고서 살 돈까지 받아간 터다. 늦었으니 빨리 학교에 가라는 어머니와 육성회비 받기 전에는 절대로 학교에 갈 수 없다는 내 고집이 팽팽히 맞섰다. 결국엔 어머니가 부엌에서 물 한 바가지를 떠 왔고 내게 당장이라도 퍼부을 자세를 취하는 것을 보고서야 도망치듯 집을 빠져 나왔다.

담임선생님이 육성회비가 밀린 사람의 이름을 부르며 언제 낼 수 있냐고 약속 날짜를 다그칠 때면 쥐구멍에라도 들어가고 싶었다. 빈손으로 학교에 가는 날은 언제나 나는 거짓말쟁이가 될 수밖에 없었다. 그런 창피를 당하는 꼴을 어머니가 보았다면 매일 아침마다 '며칠만 더'라는 부도수표를 남발하지는 않았을 텐데.

그저 아들만을 최고로 생각한다. 딸자식은 자식도 아닌가. 내가 죽는다고 해도 눈 하나 깜짝하지 않을 듯한 어머니 생각에 독이 오를 대로 올랐다. 어디 혼 좀 나 보시라지.

마당에 저녁 어스름이 길게 드러눕자 바깥 풍경은 몹시 부산스러웠다. 학교에 남아있는 아이가 아무도 없었고 돌아올 시간이 훨씬 지났는데도 감감무소식인 나를 찾아 어머니는 발을 동동 구르며 이웃집의 문턱이 닳도록 드나들었다. 내 또래 아이들만 지나가면 붙잡아 세우고선 나를 못 봤느냐고 다그칠 듯 수소문하는데 모두들 고개를 절레절레 흔든다. 아버지는 페달을 밟을 때마다 녹이 슬어 숨이 컥컥 넘어갈 듯한 짐자전거를 타고 학교 근처로 다시 가보겠다며 황급히 집을 나가셨다.

평소엔 헛간 옆을 지나기조차 꺼려했었는데 마땅히 숨을 곳을 찾지 못해 그곳을 택할 수밖에 없었다. 성긴 헛간 문틈 사이로 집안 동정을 살피다가 이쯤 해서 슬그머니 나가볼까 하는 생각도 했었지만 일이 너무 싱겁게 끝날 것 같아 밖이 완전히 어두워질 때까지 기다리기로 했다.

어둠은 시나브로 빛의 영역을 침범했고 결국은 단 한 점의 공간도 남겨두지 않은 채 헛간 구석까지 검은 휘장을 펼치며 덮쳐왔다. 겨우내 부엌 아궁이를 뜨겁게 지펴줄 참나무 장작더미 아래 동그랗게 몸을 움츠렸다. 황토 흙벽에 걸린 쇠스랑이 절 입구의 천왕문을 지날 때마다 나를 움찔 놀라게 했던 사대천왕의 삼지창으로 변해 금방이라도 나를 공격해 올 듯한 두려움에 등골이 오싹해진다. 발을 조금만 움직여도 메케한 먼지가 몸을 푸석거리며 일어난다. 한쪽에 수북이 쌓여있는 퇴비의 퀴퀴한 냄새 때문에 멀쩡하던 내 코가 썩어버리는 것은 아닐까 걱정이 태산이다. 먹이사냥을 위해 포획용 그물을 쳐놓은 왕거미가 눈을 부라리며 이쪽을 노려보고 있다. 군데군데 헛간 바닥에 흩어진 쥐똥들 때문에 아무 일 없었던 등짝이 갑자기 스멀스멀하다. 이야기로만 듣던 달걀귀신, 처녀귀신이 홀연히 나타나 내 혼을 송두리째 앗아가 버리는 것은 아닐까. 알 수 없는 두려움에 자꾸만 몸이 굳어지고 으스스 떨리기조차 한다.

옹이가 박힌 문 틈 사이로 조심스레 바깥을 살펴본다. 자정이 가깝도록 가출한 아이를 찾지 못한 어머니는 내 이름을 부르며 울부짖다 마당에서 쓰러졌고, 아버지는 넋을 반쯤 놓은 어머니를 부축하여 방으로 들어가는 듯했다.

일이 이렇게 커질 줄은 몰랐다. 무시무시한 헛간에서 당장 뛰쳐나가고 싶었지만 아버지에게 혼찌검이 날 걸 생각하니 그럴 수조차 없다. 주린 배는 바깥 사정 같은 건 아랑곳하지 않고 염치도 없이 "꼬르륵 꼬르륵" 소리를 낸다. 헛간 한쪽에 쌓아둔 마른 솔가지를 꺾어 씹으며 긴 밤을 꼬박 지새울 판인데 마당에 풀어둔 강아지가 인기척을 듣고 헛간 앞에 와서 짖어댄다. 개 짖는 소리에 밖을 살펴보러 나온 아버지에게 발각되어 자의반 타의반으로 헛간을 탈출했다. 이젠 죽었구나, 생각했는데 아버지는 의외였다. 꽁꽁 얼어 사시나무 떨듯 하는 말썽꾸러기 딸년을 아무 말 없이 꼬옥 안고는 한동안 그렇게 서 있었다.

하지만 이튿날 역시도 어머니는 내게 줄 육성회비 대신 "며칠만 더"라는 기한부 어음을 귓전에 던져두고 밭일을 나갔다. 헛간에서 어둠의 정령들과 목숨걸고 투쟁하여 겨우 살아났건만 그것은 아무런 보람도 없이 무위로 끝나버렸다.

헛간에서 만났던 그 어둠은 두려움이라는 명사에 불과하였지만 불혹을 넘긴 지금은 사뭇 색다른 느낌으로 다가온다. 비 오는 날, 재즈의 선율이 묵직하게 흐르는 선창가 다방에서 찻잔에 담겨온 뜨거운 원두커피의 빛깔처럼 요즘엔 어둠이 편안해졌다. 어릴 적엔 한없이 작아져버린 내가 어둠의 찻잔 속으로 풍덩 빠져 허우적거렸지만, 이제 뜨거운 커피 속에 빠져든 어둠을 천천히 마시며 세상을 음미할 여유를 갖게 된 것이다.

어둠은 생명 있는 것들의 숨소리를 듣고, 생명 있는 것들은 어둠의 숨소리를 듣는다. 누군가는 자신을 키운 것의 팔 할八割이 바람이었다 하나 내게는 어둠이 그 자리를 대신 채워주었다. 어쩌면 우린 가장 고독하고 아플 때라야 내 속에서 울리는 생의 숨소리를 제대로 들을 수 있는 것이 아닐까.

아직 끊어진 퓨즈를 갈아끼우지 못했다. 숲속 같은 어두운 방에서 잠들면 지금도 초록색의 꿈을 꾼다. 고단한 삶의 베틀에 잉아를 걸어 올려 여문 꿈을 직조한 어둠이 무섬증을 앓는 조그만 짐승 하나를 슬그머니 끌어다 덮어준다.

파로호에 잠긴 초록별을 낚다

더위를 먹었는지 성급히 내려온 산 그림자가 잔잔한 호수에 텀벙 발을 담근다. 언제까지 그곳에 머물다 갈 생각인지 도무지 꿈쩍도 하지 않는다. 46번 국도를 타고 소양호를 지날 때 바깥 풍경은 잠시도 두 눈을 게으름피우지 못하게 했다. 깎아지른 듯한 절벽 아래 바위틈으로 힘겹게 뿌리를 내리고 아슬아슬하게 누운 듯 서 있는 소나무들을 잠시 그곳에 멈춘 시간이 단단히 붙들어 맨다. 평생을 절벽에 매달려 위태로운 발을 곧추세우고 사는 나무들처럼 누구에게든 주어진 삶이 그리 녹록지만은 않은가 보다.

배후령을 넘어갈 땐 전에 않던 차멀미를 했다. 이제나저제나 곧은 길이 나올까 조바심을 내지만 일부러 손으로 구부려도 이렇게까지 구불구불할 수가 없을 듯한 구절양장 같은 길이 계속된다. 언제나 곧고 바른 길만 걸어왔다고 자부하지만 내가 살아온 삶의 길도 되돌아보면 지금처럼 온통 구불어진 고갯길이 허다했던 것 같다.

강원도로 발령이 났다는 소식을 들었을 땐 불현듯 떠오른 첫사랑을 만나러 가는 것처럼 마음이 설레었다. 하지만 그리움이 깊으면 병이 된다고 하였던가. 한반도의 배꼽마을인 양구로 들어가는 길이 그리 순탄하지만은 않다. 차와 함께 뒤흔들린 속을 가까스로 진정시키고도 한참을 더 달려서야 읍내가 보인다.

단 한 번의 날갯짓에 구만리장천을 날아간다는 대붕大鵬이 살았던 곳이라 하여 대붕호라는 옛이름을 가진 파로호에 닿았다. 북한강 협곡을 막아 생긴 인공호수지만 주변은 붕새가 날아가는 이상향인 듯 용화산을 끼고 구만리라는 동네를 품어 안은 형상이라 대붕호라는 이름이 걸맞은 듯하다. 6·25때 일진일퇴의 공방 속에서 중공군 수만 명이 수장되었다는 이곳은 한국전쟁의 판세에 큰 영향을 미쳤고 휴전이 이뤄진 다음엔 이승만 대통령이 '오랑캐를 깨부순 호수'라 하여 '파로호'라는 이름을 새로 붙여주었다 한다. 가뭇없는 시대의 아픔을 고스란히 안고 있지만 세속에 무심한 듯 지금은 고요히 그 속내를 감추고 있다.

월명리 낚시터 부근에 가면 파로호의 아름다움을 한눈에 담을 수 있다. 쉼터에 미리 예약을 해두면 여기부터 화천 평화의

댐까지 배를 타고 호수여행을 할 수 있다고 한다. 주변 계곡과 쉼터 부근은 물이 맑고 깊다. 쉼터 주인장은 이곳에서 잉어, 붕어, 메기 같은 담수어들과 매운탕이나 회로 즐겨 먹는 쏘가리도 잡을 수 있다며 살짝 귀띔을 해준다.

밤 풍경이 아늑하다. 몇 안 되는 집들의 창틈 사이로 새어나온 불빛들이 따스하게 몸을 감싼다. 하늘의 깊은 어둠에 그 불빛들이 다다르는 동안 지붕 위에는 별빛들이 눈처럼 쌓이고, 다시 그 위에 별빛보다 더 눈부신 꿈들이 내려앉는다.

시간은 이곳에 나를 얼마나 머물게 해줄 수 있을까. 깊은 생각에 잠긴 듯 도무지 말이 없는 호수를 바라보며 나는 오랫동안 지나간 날들을 떠올렸다. 울고 웃으며 살아가는 동안 볼 비비며 서로 어깨를 두드려주었던 가족들. 헤어짐이 많아 항상 가까이 두지 못해 마음속에서만 자라나는 아이들의 모습이 수면 위로 어룽거린다. 곧 대학입시를 앞둔 아들은 밤낮을 가리지 않고 책과의 전쟁을 치르고 있을 게다. 멀리 떨어져 생활하다 보니 간식 한 번 제대로 챙겨주지 못하는 엄마가 원망스러울 텐데 아무런 내색도 않고 공부에만 몰두하는 모습이 듬직하다.

어제 저녁, 비싼 국제전화라서 오래 통화를 못한다며 필리핀에 가 있던 딸아이가 엄마의 안부를 급히 물어왔다. 방학이 되어 가족을 만나러 올 거라며 잔뜩 기대에 부풀어 있다. 힘들고 속상해서 몰래 눈물바람한 날이 많았을 텐데도 그저 해맑은 웃음으로 엄마를 안심시키려는 대견함에 도리어 가슴 한곳이 아려온다. 마음속으로만 키워 온 아이가 훌쩍 키 자람을 한 모양이다. 어린 나이에 타국으로 나가 사방에서 들려오는 낯선 언어들의 공격에 버거운 가슴이 무너져버리지나 않았을까. 유난히 편식을 했던 아이가 물 설고 낯선 곳에서 혹시 탈이나 나지 않았을까. 집으로 가는 막차가 끊어진 터미널 분식집 차림표를 가리고 혼자 등 돌려 앉은 나이 든 여자가 뜨거운 우동면발을 건져 올릴 때, 그 어린것의 얼굴이 울컥 올라와 갑자기 목메게 할 때가 많았다. 언제쯤이면 온 가족이 모두 모여 둥근 밥상을 차려놓고 꿈으로 버무려진 뜨거운 밥알들을 한 숟갈 크게 떠서 쩍 벌린 입안으로 옮겨 넣을 수 있을까.

삶이 어깃장을 놓고 머릿속이 터져 버릴 듯 괴로운 날들이 많았지만 그래도 신神은 내가 견딜 수 있을 정도의 고통만을 준다고 믿었다. 가끔은 티격태격하지만 그것이 본심은 아닐 것이라고 믿어지는, 감춰둔 깊은 속을 눈빛만으로 읽어낼 수 있는 남편이 곁에 있어 주었고 시장바닥에 허물없이 아무렇게나 주저앉아 막걸리 한 잔을 나눌 수 있는 친구들이 가까이 있었기에 애간장이 녹을 듯한 고통의 순간도 무던히 견뎌낼 수가 있었다. 또 어쭙잖게 쓴 글 속에 내 속내가 드러나면 고개 끄덕여주는 사람들이 있는 반면, 지나친 감정의 표출이라며 혹독한 비평으로 정신이 번쩍 나게 만든 사람들이 많았기에 내가 걸어온 길은 단 한순간도 쓸쓸하지는 않았던 것 같다.

그런 생각이 드는 날은 새벽이 하얗게 동터 올 때까지 저린 발을 주물러가며 앉은뱅이 책상 앞에 가부좌를 틀고 있었다. 흐릿해진 망막으로 긴 시간을 글과 씨름하다 바깥으로 나오면 마을 평상 위에 세상 버린 지 십여 년이 지난 아버지가 소주병을 놓고 홀로 앉아 있다. 바람이 몹시 불었던 탓인지 빈 술병 하나가 쓰러져 뒹군다. 아버지는 여전히 소주잔에 술을 가득 따라 들이켠다. 소주병에서 술이 비어져 나가는 만큼 당신은 그 참담한 현실에 썩어 문드러진 속을 함께 비우셨던 걸까. 돌아앉은 어깨가 조금은 떨리는 듯도 했지만 그런 아버지의 어깨를 얼른 감싸 안아 드리지 못했다.

어린 시절의 나는 그때 아버지가 든 술잔 속에 내려앉은 밤하늘의 별들을 보았다. 아버지는 날마다 술 대신 밤하늘의 별들을 마신 것이다. 그렇게 속을 달래다가 집에 들어와 잠자리에 든 애처롭고 천진난만한 처자식의 얼굴을 살폈을 게다. 저들이 무슨 죄가 있나. 아버지는 잠시 눈을 붙인 뒤 지친 몸을 다시 추슬러 동트기가 무섭게 일터로 나가셨을 것이다. 이마의 주름살이 밭고랑만큼이나 깊어진 초로의 사나이가 내 서러운 눈동자 속에서 자꾸만 젖어간다.

호수는 숫제 잠든 듯 고요하다. 하늘에서 떨어져 술잔 속에서 반짝이던 그 별들이 이제 파로호에 푹 잠겼다. 긴 대나무에 엉성하게 줄만 매단 낚싯대를 가만히 드리워 본다. 추를 달지 않아 그리 깊이 가라앉지 않는다. 낚싯대가 추를 달지 않아 깊이 잠기지 않는다고 구태여 내 마음에까지 무거운 추를 달고 얄팍한 인심을 따라 세상을 저울질하고 싶은 생각은 없다. 밤이 이슥할수록 호수는 한 길 더 깊어만 가고 그저 맑은 물처럼 천천히 흐르다 보면 희망의 바다에 반드시 이를 것이라는 소박한 믿음을 미끼 삼아 던진다. 그 허접한 낚싯대에 물고기가 한 마리도 잡히지 않은들 어떠랴. 파로호에 잠겨 퍼덕이는 초록별들을 죄다 낚아 올려 뜰채로 뜬 뒤 그물망이 터지도록 담아온다면 계곡에서 흐르던 물소리 하나가 내 뒤를 졸졸 따라오겠다.

정情, 정淨, 정靜

내 몸은 한 그루의 나무다. 한여름 더위도 싹 가시게 할 그늘 넓은 정자나무로 우뚝 선다. 두 발은 나무의 밑동이 된다. 땅속으로 깊게 뿌리를 내려 수액을 몸통으로 끌어올린다. 굵은 우듬지가 된 두 팔은 하늘을 향하고 손가락 끝에는 무수한 나뭇잎들이 달려 살랑살랑 바람소리가 난다. 꽃들이 벙글고 튼실한 열매를 맺는다. 열매 속에는 새 한마리가 자란다. 새는 오랜 웅거를 끝내고 단단해진 열매를 터트리며 우주의 큰 기운을 타고 날아오른다. 날개를 편 웅장한 자태로 힘차게 바람을 휘저으면 날갯죽지에서 생겨난 황금 꽃가루가 어둠에 흩뿌려져 세상은 희망의 빛과 향기로 되살아난다.

단학 수련 중 명상시간에 떠올려지는 내 마음속의 그림이다. 현실세계에선 불가능한 일을 오래전부터 꿈꾸어 온 것일까. 어른이 된 지금도 나는 이런 상상의 나래를 곧잘 편다.

출근길 빨간 신호등에 대기해 있다가 불현듯 가던 방향을 되돌리고 싶을 때가 있다. 저녁밥을 짓다가 문득 창문으로 비껴드는 서녘 노을을 바라보면 앞치마를 풀어 던지고 뛰쳐나가 아득한 지평선까지 숨이 턱에 닿도록 내달리고픈 충동을 느끼기도 한다.

단 며칠간이라도 일상을 벗어나고 싶은 욕망이 나를 짓누른다. 몸이 고된 것은 참을 수 있어도 정신적인 고달픔은 참아내기 힘들다. 늘 반복되는 생활의 식상함을 무던히 참아내다가 그 인내력이 위험수위까지 다다르면 소리 없는 탈출을 감행한다. 나를 얽매고 있는 자동차 키, 휴대폰, 컴퓨터 메시지, 산더미 같은 서류 뭉치를 내던지고 역으로 나가 기차를 탄다. 굳이 목적지를 정할 필요가 없다. 지나다가 마음에 드는 역에서 무작정 내리고 볼 일이다.

오지 마을 학교 운동장 같은 긴 모래톱에 아이들 서넛이 나와 맨발로 뛰어다니고 강줄기를 따라 적당한 간격으로 늘어선 물푸레나무 잎사귀들이 나를 반기는 손짓 같다. 강 언저리엔 새벽별을 흩어 놓은 듯 자잘한 풀꽃들이 무슨 비밀스런 이야기를 하는지 낮게 엎드려 귀엣말들을 주고받는다.

깊어가는 강물에 발목을 담근 키 큰 갈대수풀 아래, 물오리 떼 한가로이 자맥질하는 섬진강. 내가 잃어버렸던 시간들이 이곳에 머물러 있지나 않을까. 은빛으로 반짝이며 넘실대는 강물에 텀벙 뛰어들어, 햇살이 아무데나 던져놓은 보석을 맘껏 건져 올리고 싶어 서둘러 짐을 내린다.

누구를 만나서 길을 물어도 전부터 알고 있었던 사람처럼 정情겹다. 근처에 장터가 있다고 해서 찾아갔더니 그날 마침 장이 열려있었다. 말린 산나물 보퉁이를 풀어놓고 손님과 흥정하는 시골 아낙의 목소리가 애살스럽기만 하다.

시끌벅적한 장터엔 없는 물건들이 없다. 도시에서는 벌써 사라진 대장간이 이곳에는 있다. 옛것을 지키려는 억척스러운 장인이 있어 아직 풀무질과 담금질하는 광경을 볼 수 있다. 가마 속에서 벌겋게 달궈진 쇳덩이가 대장장이의 망치질 몇 번에 칼과 낫과 쟁기로 변신한다.

화려한 색깔의 티셔츠를 손에 들고 목이 터지라고 외치는 젊은 옷장수의 우스꽝스런 몸놀림과 능란한 가위치기로 손님을 끄는 호박엿장수의 누더기도 멋스럽다. 뻥튀기 아저씨가 부는 호루라기는 음악으로 치면 비바체vivace다. 사물놀이의 흥겨운 장단 또한 빠질 리 없다. 마을 전체가 소리 잔칫상을 차리기라도 한 듯 벅적거린다. 나는 어느덧 일곱 살배기 꼬마 아이가 된다.

똑같은 소리들이지만 이곳에서는 향기가 묻어난다. 도시의 소음과는 달리 푸근한 기운이 나를 감싼다. 시골 장터 사람들의 외침에서는 적어도 남을 속이려는 음색은 들리지 않는다. 사심이 없는 정淨한 소리다. 거침없이 흐르는 계곡의 맑은 물과 뿌린 대로 풀어내는 우직한 땅의 열매를 귀하게 여기며 사는 산골 사람들의 소박한 마음이 한데 어우러져 으뜸화음을 뽑아 올린다. 만날 사람이 약속 시간에 삼십 분쯤 늦었을지언정 그저 잊지 않고 와 준 것만이라도 고맙다는 얼굴들. 그들이 만들어내는 화음은 삶의 여유로움과 진솔함이 가슴에서 가슴으로 건네지는 찐득한 정情의 소리가 아닌가 싶다.

마음에 없는 말은 생명이 없다. 그것은 단지 소음일 뿐 닫힌 가슴을 열지는 못할 것이다. 말이 말로만 끝나는 세상에선 차라리 침묵하는 편이 진정한 소리를 내는 것이라 생각된다.

땅거미가 내릴 즈음 장터에서 탁발을 하고 있는 스님 한 분을 만났다. 하룻밤을 어디서 묵을까 고민하던 차에 잘되었다 싶다. 민가보다는 고요한 산사山寺 가 어지러운 내 마음을 다잡아줄 것 같기도 하다. 가만히 다가가서 합장을 하고 내 사정을 이야기했다. 스님은 흔쾌히 산사로의 동행을 허락한다.

바람은 스님의 장삼자락을 헤집고 들어 풍선처럼 소매를 부풀어 올렸다가 방귀 새듯 슬그머니 빠져나가고 오솔길을 쫓아오는 풀벌레들의 울음소리는 지친 발목을 기어오르더니 깡충 뛰어올라 내 귓전에 걸린다. 키를 넘는 나무들 아래 더 작은 나무들이 층을 이루며 햇볕을 쬐고 비를 받는 숲은 함께 나누며 더불어 사는 생명들의 숨쉬기가 한창이다. 숲속이나 사람 사는 세상이나 공존의 법칙이 적용되기는 꼭 같은가 보다. 그러나 숲속은 사람 사는 세상처럼 누가 많이 가졌나 적게 가졌나 하는 것으로 시끄러운 일은 결코 없다. 공존의 조건은 침묵의 타협으로 이뤄질 뿐이다. 지혜로운 숲은 아무도 모르는 정靜의 소리로 쉼터에 평화를 깃들인다.

돌부리에 차이듯 무거운 나의 발소리와 날아갈 듯 가볍게 내려놓는 스님의 발걸음 소리는 속세의 내가 감히 건너뛰지 못할 거리 밖의 차이를 느끼게 한다.

가깝지도 않은 산길이다. 그냥 따라가려니 심심하기도 하고 이런 고행의 길을 택한 스님의 지난 행적이 궁금하기도 하다. 고향이 어디냐고 여쭈어보니 대답 대신 솔가지의 연한 순 하나를 따서 건네준다. 잠시 머뭇거리다 받아들고 스님을 따라 입속에 넣고 오물거리니 참기 힘들 정도로 시큼털털한 것이 당장 뱉어버리고 싶다.

말이 많으면 쓸 말이 없다고 하던가. 불가에서는 지난 행적을 묻거나 말하는 것이 법도에 어긋나는 것일지도 모른다는 짐작과 함께 그 스님이 행하는 침묵의 의미를 조금은 알 것도 같았다. 솔 순을 한참 씹다보니 씹을수록 시큼털털하고 쓴맛은 사라지고 알싸한 솔의 향기가 입 안 가득 넘쳐났다. 한마디 말을 나누지 않았음에도《법구경》수백 권 속에 든 진리를 수박 겉핥기 식으로나마 깨달을 수 있을 듯하다.

산길을 한참 오르니 아담한 산사가 계곡을 끼고 앉았다. 절이라기보다 촌집 같은 그곳에는 주지스님과 상좌승, 공양주 보살과 동자승이 단출하게 살고 있었다. 고사목이 되어버린 늙은 나무 한 그루가 절 앞마당의 공허함을 애써 메워보려 하지만 기氣를 뿜어내지 못하는 나무에는 새들도 둥지를 틀지 않는다.

저녁 공양을 알려주는 범종 소리가 산사의 정적을 깨뜨린다. 대웅전이라 하기엔 너무 소담한 법당 지붕엔 비바람에 색이 바래진 단청과 세월을 잊은 듯 흔들리는 풍경만이 바람에 고요히 씻긴다. 범종 소리는 내 마음에 가늠할 수 없는 파문을 내며 조용히 번져간다. 주지스님의 나지막한 예불과 청아한 목탁 소리에 귀가 열리고 정신이 맑아온다. 마음을 열면 세상이 보이는 것처럼 이곳에선 나무와 풀포기조차도 정을 나누는 친구가 된다. 들리는 소리는 없지만 나는 그들이 말하고자 하는 속뜻을 헤아릴 것만 같다.

모든 것은 비워야 다시 채워지는 법. 맨 처음 가졌던 그 마음처럼 내 속에 속속들이 배어든 쭉정이뿐인 허울과 알맹이 없는 말들을 깨끗하게 비워내고 싶다.

삼정情, 靜, 淨의 소리가 어울린 진음眞音은 도시의 웅성거림을 잠재운다. 산에서 내려와 읍내가 가까워질수록 정情, 淨, 靜의 소리는 멀어지고 또다시 도시의 소음 속에 내 귓전은 시끄러울 것이다.

그러나 이제는 전과 달리 내게 깨달음을 준 정情, 淨, 靜의 소리를 잃지 않는 한, 나는 그 소음을 한 귀로 듣고 한 귀로 쉽게 흘려버릴 수도 있을 것 같다.

아주 오래된 그들

언제부터인지 오래된 냄새들이 친밀하게 느껴지기 시작했다. 지난겨울, 왜소한 한 몸 가리기에 부족함이 없었던 두꺼운 코트 주머니에 무심코 손을 집어넣었다가 맞닥뜨려진 나프탈렌 냄새조차 이상하게도 싫지가 않았다.

보수동 골목을 걷다가 책방 앞에 아무렇게나 쌓아놓은 헌책 더미에서 낯익은 제목의 책을 발견하여 들춰보니 지나간 세월의 더께처럼 고스란히 내려앉은 먼지 냄새가 코끝을 확 치밀고 들어왔다. 아직도 어린 왕자는 옛 모습 그대로 거기 남아 있었다. 좀이 슬었는지 군데군데 거뭇거뭇해진 책갈피에서 금방이라도 깨알 같은 활자들이 지렁이가 되어 꾸물꾸물 기어 나올 듯하다.

삶의 길을 반쯤이나 걸어왔을까. 인생에도 어김없이 가을이 오고 겨울이 온다. 한여름의 뜨거운 열정도 이맘때면 서서히 식어가고 어느덧 삽상한 바람에 옷깃 여밀 준비를 해야만 한다. 마흔 몇 해 동안, 연약하기만 했던 영혼을 단련시켜 웬만한 더위나 추위쯤은 쉽게 쫓아내 버릴 수 있을 듯했으나 홀로 있을 때의 고독의 깊이와 허무의 체적, 그리고 아무것도 쥐어져 있지 않은 빈손은 어찌할 수가 없었다.

동파에 깨어진 유리처럼 차갑고 쓰린 추억들이 자잘한 파편이 되어 가슴에 와 꽂힌다. 하지만 그 스산한 가을과 매운 겨울이 영원히 계속되지는 않는다. 죽은 듯한 나무 등걸에서 새봄이면 연한 잎눈이 쏘옥 쏙 삐져나오는 것은 무슨 뜻일까. 우리에게 어떻게 살아야 한다는 걸 이야기하고 싶은 것은 아닐까. 독한 겨울도, 이런 아픈 삶도 서로 끌어안으면 오히려 따뜻해진다는 것을 몸으로 보여주고 싶은 건 아닐까.

가끔은 고물상에 가서 보물찾기를 한다. 누군가의 골방에서 오래 머문 듯한 수동식 전축도 있다. 아버지가 라디오로 즐겨 들으시던 흘러간 옛 노래가 이제야 내 귀에 들어온다.

"두만강 푸른 물에 노 젓는 뱃사공……."

"얼마나 울었던가 동백 아가씨, 그리움에 지쳐서 울다 지쳐서……."

노래를 듣다 보면 어느새 그 뱃사공이 노를 젓는 배에 내가 올라 있고, 울음이 다하여 눈이 퉁퉁 부은 동백 아가씨는 바로 내 모습이 되어 있다. 서른 즈음만 해도 이런 노래를 부르기는

커녕 듣기조차 싫었는데 시도 때도 없이 옛 노래를 입 안에 넣어 흥얼거리고 있으니 이 무슨 얄궂은 변화이고 조화란 말인가.

요즘 들어 부쩍 어머니가 생전에 해주시던 음식이 그립다. 그때는 제발 그만 먹었으면 했던 쑥떡이며 보리밥, 콩국수 같은 것들이 아기를 가진 새댁이 입덧하듯이 새삼스레 찾게 되고 자꾸만 먹고 싶어진다. 냄새도 맡기 싫었던 청국장을 일부러 사와 집에서 손수 끓여 먹기도 한다. 아이들은 익숙지 않은 청국장 냄새에 기겁을 하고 밥상에서 물러앉지만 내게는 그보다 향기로운 것이 없으니 이 일을 어찌하랴. 내 입맛이 달라졌는지 세월이 나를 변하게 한 건지 도무지 알 수가 없다.

친구도 오래 묵은 옛 친구가 좋다. 허물 많은 내 모습도 그들에게는 아무런 가십거리가 되지 못한다. 또 손가락을 입에 갖다 대고 "쉿! 너만 알고 있어야 해." 하며 비밀스럽게 했던 이야기도 좀체 바깥으로 새지 않는다. 금방 돌아서면 탄로 날 거짓말을 좀 우둔하다 싶을 정도로 잘 속아주는 친구들이 있다. 알고 속는 건지 모르고 속는 건지. 장독 속에서 오랫동안 곰삭은 장아찌처럼 아무리 먹어도 물리지 않는 그 맛, 그 향이 좋다. 이제 옛날이 내 속에 태연히 들어와 아무런 불협화음 없이 사는 걸 보니 나도 나이를 먹을 만큼 먹었다는 증거인가 보다.

내게도 아주 오래된 습관이 하나 있다. 묵묵히 한자리에 앉아 글을 쓰는 일이다.

밖에 나가 쓸데없이 남의 장단에 끼어들어 말을 많이 하고 들어온 날은 왠지 부끄럽다. 그렇지만 조용히 앉아 글을 많이 쓴 날은 먹은 것도 없이 배부르고 기분이 좋다. 진실로 내 속에서 꿈틀대는 것이 뭔가를 글을 쓰며 깨닫게 된다. 소리로 요란을 떨지 않고 마음으로 말하는 법을 진작 배웠어야 했다.

조금은 남에게 어눌한 모습으로 보이더라도 가장 나다운 짓이라고 생각하는 것이 글 쓰는 일이다. 미친 듯 몰두하고 한없이 빠져들고 싶은 것이 수필이다. 밤새워 어느 작가의 사상을 따라가서 집요하게 물고늘어지며 폭식이라 할 정도로 많은 책을 탐독할 때가 가장 행복하다. 이제 초록빛 생명의 꿈을 안고 신명나게 한번 춤판을 벌이며 일상에 지쳐 쓰러졌던 나 자신을 일으켜 세워야 할 시간이다.

삶이 아파 노래가 구성지고 가락을 뽑아야 막힌 숨을 내어쉬게 되는 것처럼 내 속에 맺혀 있을 법한 응어리를 글로 풀어내고 삭이는 작업은 아마도 아주 오래된 그들과의 관계처럼 쉽게 끝나지 않을 것 같다.

늘 무겁고 불편했던 생각의 짐들을 모두 벗어놓은 채, 바람에 깨끗이 씻긴 알몸의 영혼이 되어 새처럼 가볍게 날아오르는 연습을 하느라 내 겨드랑이는 지금 몹시 분주하다.

4부

풍장

아랫집에 손수레 빌리러 간 사람을 기다린다. 한참이 되어도 오질 않는다. 김장하러 오랜만에 온 시댁 마당엔 아직도 한가로움이 바장이고, 담벼락엔 겨울 햇살 묻은 담쟁이가 잠시 반짝이다가 가볍게 몸을 떤다. 대청마루에서 내려와 대문간에 쪼그리고 앉아 무심코 솟을 대문 지붕을 올려다본다. 뭔가가 거미줄 같이 가느다란 실오라기에 대롱대롱 매달려 있다.

처음엔 생쥐인가 했는데 찬찬히 보니 새였다. 서녘으로 쫓겨 가는 무기력한 햇살에 처연히 빛나는 갈색 깃털과 작은 몸집을 보아 참새라는 생각이 들었다. 숨이 끊어진 지 오래인 듯 아무런 기척이 없다. 마른 나무의 잔가지 같은 연약한 다리가 끄나풀에 감겨 옴짝달싹못하고 묶여버렸나 보다. 날짐승이 어쩌다가 저런 최후를 맞게 되었는지 안타깝다는 생각으로 눈길을 거두려는 찰나, 다시 내 눈을 붙든 것은 흙 바른 지붕 서까래 틈 사이의 새둥지였다. 저런 곳에다 보금자리를 틀어 놓다니. 혹시 어린 새들이 있나 싶어 살펴보았지만 둥지는 비어있었다. 어미 참새는 이곳에 둥지를 새로 만들어 알을 까려고 했었을까. 아니면 먼젓번 살던 곳에서 쫓겨나 새끼들을 이곳에 옮기려고 보금자리를 다시 꾸미려 했던 걸까.

부리에는 아직도 지푸라기 몇 개가 물려 있다. 거미줄 같은 실오라기가 지탱할 정도라면 몸속의 수분은 이미 다 빠져나가고 빈껍데기만 남았으리라. 바람이 불 때마다 마른 나뭇잎처럼 빙글빙글 맴을 도는 어미 참새의 주검 위에 이제는 영영 돌아올 수 없는 길을 떠난 한 여인의 모습이 겹치며 함께 흔들린다.

잔잔히 흔들리는 것들을 보면 가슴이 아린다. 늦가을 산을 은빛으로 뒤덮고 바람 부는 대로 이리저리 휩쓸리던 억새꽃은, 시장에 나가 다 팔지 못한 무거운 짐을 이고 산 하나를 넘어서 오던 어머니의 흰 머리카락 날리는 모습 같다. 가진 것 없는 낮은 지붕 아래서 어린 삼남매 모자람 없이, 남에게 애먼소리 듣지 않게 하느라고 고생만 죽도록 하다 가신 어머니. 그 소박한 바람을 들어드리지도 못하고 철없어 아무렇게나 던졌던 서슬 퍼런 언어들. 그것이 돌멩이가 되어 당신의 가슴에 툭툭 던져졌을 소리를 내 아둔한 귀는 이제야 듣는다.

깊은 산이 해를 꿀꺽 삼킬 때쯤, 강가에 서면 금빛으로 부서지는 햇살이 눈부셨다. 그 아름다운 광경에 맥을 놓고 있다가 부모는 저 노을처럼 자식을 부각시키기 위한 하나의 배경이 아닌가 하는 생각이 들어 괜스레 눈시울이 뜨거워진다.

겨울밤엔 어머니가 손수 말려 꼬챙이에 끼워둔 곶감을 하나씩 빼먹는 재미로 날 새는 줄도 몰랐다. 햇볕과 바람에 수분을 빼앗겨 겉모양은 쪼그라들지만 쫄깃쫄깃하고 달콤한 맛이 애간장을 살살 녹였다. 껍질을 벗기우고 알몸인 채로 서늘한 바람에 풍장된 감. 그대로 두었다면 얼마 지나지 않아 썩고 말았으리라. 그러고 보니 알게 모르게 내 손으로 풍장을 치른 것들이 많다는 생각이 든다. 늦가을, 빛 고운 단풍잎을 책갈피에 넣어서 말리거나, 꽃다발을 거꾸로 매달아 바람에 말렸다가 주둥이 넓은 항아리에 아무렇게나 꽂아두곤 했다. 꽃씨를 받아 말려서 종자 주머니에 넣어두는 일은 얼마나 신성한 풍장 의식이었던가. 이미 죽어버린 듯했지만, 새봄이 되어 흙에 뿌려주면 얼마 있지 않아 참새 혓바닥 모양의 연둣빛 싹을 쏙 내미는 모습이 어찌나 기특해 보였는지. 한 알의 밀알이 땅에 떨어져 썩어야만 비로소 수많은 열매를 맺게 된다는 이 오묘한 자연의 이치를 바람에 단단히 여물어진 꽃씨들이 귀엣말로 속삭인다.

어쩌면 우리가 현실에서 가지려고 하는 모든 욕심이 과육이요, 빛깔이며, 향기인지도 모르겠다. 가진 것이 많으면 많을수록 그것을 지켜내기 위한 마음속의 번뇌는 또 다른 올가미가 되어 자신의 목을 조여 온다. 몸과 마음에 욕심만 가득 채우려고 한다면 영혼이 가벼워지기는 일찍이 포기하는 편이 낫다.

비바람에 향기를 내어주고 햇볕에 고운 때깔이 바래지면 비르소 육신은 시간으로부터 자유로워진다. 피와 살과 물이 모두 증발한 다음에야 참을 수 없는 존재의 가벼움을 얻을 수 있듯이. 세상만물이 온갖 유전流轉과 방랑, 이합집산離合集産을 거쳐 다시 제자리로 돌아오게 되는 것처럼 생명의 질서는 곧 우주의 법칙이 아니던가.

아마도 삶과 죽음은 한 가지에 함께 피어난 꽃이 아닐까. 생성과 소멸을 거치면서 끝없이 이어지는 생명의 영원함을 깨달으면 죽음은 생의 종말이 아니라 새로운 생명의 시작임을 알게 된다.

볕 좋은 날 빨래를 넌다. 가끔은 내 모습이 물기로 축축한 빨랫감 같다는 생각이 들 때가 있다. 감정에 젖어 산만해지기 일쑤고 지나친 감수성이 누군가에게 상처를 주고 돌아서면 후회한다. 아무리 풍부한 감정이라도 적절히 자제하지 못할 바엔 빨래처럼 물기를 비틀어 짜서 햇볕에 내어다 말리고 싶다.

지난밤, 머리 싸매고 썼던 한 편의 글 속에도 알맹이보다는 포장의 무게로 더 버거웠다. 언제쯤이나 모든 것 훌훌 털어버리고 새처럼 가벼운 날갯짓을 할 수 있을까. 내 마음에 가득 찬 욕심의 주머니를 풍장하여 투명하게 빈 영혼의 눈이 되어 사물을 이제는 좀 더 뚜렷이 바라볼 수 있게 되었으면 싶다. 그리하여 내 손으로 거대한 우주를 빚어내진 못할지라도 작은 들꽃 한 송이나마 피울 수 있다면, 그 일이 내 모든 걸 바쳐

얻은 것이라면 한 우주를 빚는 일에 갈음할 수도 있으리라.

따귀라도 칠 듯이 매서운 바람이다. 한동안 잊고 있었던 참새가 생각나 대문 지붕 위로 눈길을 주었다. 거기 평생을 칼바람 부는 벌판에 서서 가슴 졸이며 살아온 여인이 아직 매달려 있다.

눈발까지 날린다. 이른 저녁을 준비해야겠다. 처마 밑에 엮어둔 마른 시래기 한줌을 쥐니 이내 바스라진다.

불단佛壇 위의 생쥐에게

하마터면 냅다 비명을 지를 뻔했네. 새벽의 정적만이 감도는 대웅전에서 백팔배에 열중한 신도들은 아직 아무도 우리의 은밀한 눈맞춤을 알아채지 못했나 보군.

뜻하지 않은 조우였지. 두려운 상대를 만나 겁먹은 듯, 아니면 뭔가 엄청난 잘못을 저지르기라도 했다는 듯 초조한 빛을 감추지 못하고 이쪽의 처분만 바라는 네 모습. 너와 시선이 마주친 어느 공간쯤에서 내 눈동자 또한 멈춘 듯 굳어버렸다네.

감히 어느 안전이라고 불단 위에 냉큼 올라앉아 신도들이 정성스레 올린 공양을 축내다니 발칙한 네 녀석을 당장 생포하여 치도곤을 내야 하나 바닥에 옷 쓸리는 소리조차 조심스러운 법당의 정적을 깰 용기는 차마 없었다네. 무엇보다도 내 의지를 막아선 것은 그저 아무 일도 못 본 듯 묵인을 바라는 자네의

애절한 눈빛 때문이었네.

내가 초등학교에 다닐 때는 온 국민이 자네를 잡느라고 떠들썩했다네. 당시 나는 학급의 환경부장이었는데 반 아이들이 너의 일가족을 잡아들인 증거물로 잘라온 꼬리 숫자를 세어 선생님께 실적을 올리는 게 중요한 일과였지. 간혹 실적이 저조할 것을 염려한 어떤 아이들은 아무 죄 없는 마른 오징어 다리를 시커멓게 태운 뒤 너의 분신인 양 위장하여 작은 성냥갑 속에 조심스레 넣어오기도 했었다네. 어떤 날은 너의 가족은 물론 친지, 이웃까지 일망타진하자는 우리들의 결연한 의지를 담아 비밀리에 날짜와 시간을 정해놓고 네 몽타주를 골목 곳곳 벽마다 붙이기도 하였지. 소탕작전의 주요 직무를 맡은 곳은 경찰청이 아닌 농수산부였고 배부른 쌀가마니를 배경으로 만천하에 지명 수배된 너는 그 포스터 속에서도 여전히 흩어진 낟알을 탐하지 않았겠나.

법당을 나오면서 자네를 거기 그대로 둘 일인가 곰곰이 생각해보았네. 앞으로 훔쳐 먹을 공양과, 자라나는 이빨 때문에 무엇이든 갉아먹을 걸 염두에 두면 절간 기둥뿌리 하나도 남아나지 않겠기에 그 절에 너의 존재를 알려 경을 치는 것이 옳았었네. 일도 하지 않고 남의 양식이나 축내는 암적인 존재는 지구상에서 하루빨리 사라져야 한다는 게 이제껏 내 머릿속에 들어앉아 있던 생각이었네.

자넬 본 뒤로 입맛이 싹 달아났지만 함께 온 동료들에게 떠

밀려 공양간에 들렀네. 식판을 들고 순서를 기다리는 동안 낡은 TV에서 이제껏 내 머릿속에 든 너희 종족의 이미지와 전혀 다른 네 친구의 모습을 보았네.

네 친구인 흰 생쥐는 모 연구소 실험실에서 하얀 가운을 입은 연구원으로부터 어떤 약물을 받아먹고 있었네. 팔자도 좋다고 생각했지. 사람도 못 먹는 영양제 같은 것을 맞는 거라 생각했으니까. 하지만 그게 아니었네. 주사를 맞고 난 그 친구는 실험대 위에서 온몸을 바르르 떨었네. 사람을 대신하여 온갖 생체실험을 당해야 하는 그 친구는 결국 순간적인 발작을 일으키더니 다시는 움직이지 않았다네. 사람에게 직접 해야 할 실험을 그 친구가 대신해 주고 희생당했다는 생각에 갑자기 뒤꼭지가 서늘해 오더군. 참으로 잔인한 실험이었네.

바이오산업은 그대들을 더 큰 재앙의 소용돌이 속으로 몰아갔지. 당뇨병 쥐, 암에 걸린 쥐, 태어날 때부터 심각한 기형아로 만드는 질병 모델 동물뿐 아니라 유전자까지 조작하여 돈을 벌기 위한 수단으로 그대들을 학대하고 있다지 않는가. 심지어는 인간을 대신하여 해부, 질식, 의약품 실험은 물론이고 냉동, 가열 척수 장애, 스트레스 주기, 독극물 실험, 전기 충격까지 괴롭히는 방법도 다양하다지. 사람을 대상으로 했다면 어찌 그런 실험을 할 수 있었겠나.

동물도 사람과 똑같은 아픔을 느낄 텐데 단지 그 고통을 말할 수 없고 인간과 다른 모습이기에 마음대로 할 수 있다는 생각이 얼마나 위험한 발상인지 그들은 모르는 것일까. 인간을 위해 목숨까지 바치는 너희 일족의 그 숭고한 희생정신을 몰라주고 불단에 올려진 그깟 공양 부스러기 좀 훔쳐 먹었기로 무어 그리 대단한 잘못이라고 너를 단죄하려 했단 말인가!

이 글을 쓰는 지금도 나는 여전히 자네를 잡고 있네. 오른손을 적당히 펴서 네 몸통 양쪽을 거머쥐고 검지, 중지 ,약지를 적당히 얼굴 위에 올려놓으면 되네. 가끔 네 양쪽 눈알을 번갈아가며 톡톡 치기도 하고 상하좌우로 너를 움직여 혼을 빼놓기도 하지. 갑자기 길어진 자네 꼬리는 컴퓨터라고 부르는 정보통 뒷면에 붙어있지. 네가 심술을 부려 그 네모난 박스에서 꼬리를 빼 버리기라도 하면 새로운 정보의 세계로 나가는 일을 당장 그만 두어야만 하네. 다행히 인터넷 벤처 사업가들이 마우스를 제대로 잡은 덕분에 그동안 바짝 졸라맨 경제 허리띠를 느슨하게 풀어볼 날도 머지않은 듯하네.

네가 있던 법당으로 다시 발길이 옮겨졌네. 이미 어디론가 자취를 감춘 너의 흔적을 그곳에서 더듬어보았지. 세상에서 제일 잘난 척, 오만한 콧대를 높이 쳐든 인간이지만 부처님 전에 앉아있는 너에게 쌀이며 돈이며 귀한 공양거리를 바치며 복을 비는 모습에 가소롭다며 비웃지는 않았을까. 측은지심으로 사람들을 내려다보았을, 맹한 듯 보이지만 오히려 맑은 너의 눈빛이 천정 서까래에 묻어나는 듯하구나. 하기야 인간만큼 옹졸하고 측은한 존재가 또 있을까 싶네.

오늘 난 또 하나의 죄를 짓고 마네. 인간의 형법으로 치면 범인을 알고도 은닉한 불고지죄 말일세. 혹시라도 내가 그 죄로 차가운 철창에 갇힌다면 자네 그곳에 한번 다녀가게나. 지금은 자네 꼬리만 봐도 섬뜩하지만 거기서는 어찌 반갑지 않겠는가.

잠시나마 자네를 음해하고 눈꼴사나워 했던 나를 너무 미워 말게나. 법당에서 좋은 설법도 자주 듣고, 귀한 공양도 늘 받았으니 이제 득도得道할 때도 되었겠네. 그렇다면 이 불쌍한 중생의 극락왕생을 위해 염불이라도 해주고 축원이라도 대신 올려주게나.

폭포, 유리처럼 부서지다

내 전생은 분수대의 물방울이었다. 참을 수 없는 기쁨을 하늘 높이 뿜어 올렸고 때로는 가슴 깊은 곳에서 차오르는 울분을 억누르지 못해 더 높이 솟아올라야만 했던 성급한 물분자들의 집합체였다. 물방울의 꿈은 높고 원대했다. 나무 밑동에서 뿜어 올린 수액처럼 맑고 순수했던 물방울은 가슴 속에 큰 별 하나를 품고 있었다.

물방울들이 뜻을 모아 굵직한 물줄기로 부피 자람을 한다. 마음에 품은 그리운 대상과 좀 더 가까워지려고 안간힘을 다해 솟구쳐 오른다. 하지만 이런 속내를 아는지 모르는지 일정한 높이에 도달하면 분수대는 우리의 몸을 두 줄기로 갈라놓기 일쑤였다. 물방울들은 쉴 새 없이 솟아올랐다 부서져 내리기를 반복했지만 결과는 언제나 똑같았다. 분수대가 쏘아 올린 우리들의 몸높이는 별에도 하늘 끝에도 닿지 못한다는 걸 깨달았을 때 처절한 배신감과 함께 아찔한 현기증을 느꼈다. 맥없이 땅바닥으로 곤두박질치는 내 모습 뒤로 내가 바라던 세상이 희미하게 보였다.

나는 도대체 무엇인가. 아무런 색깔도 형체도 남기지 못한 채, 끝없이 솟구침만 반복하다 공중에서 분열되고 마는 내게 무슨 희망이 남아 있단 말인가. 내 가슴을 뜨겁게 달구었던 열정도, 반드시 이룰 수 있으리라 굳혔던 의지도 더 이상 그 높이에서는 존재하지 않았다.

맨 처음에 품은 야무진 꿈들은 모두 어디로 사라져버린 것일까. 절망과 고독감이 밤의 긴 그림자처럼 꼬리를 늘릴 때 나는 스스로 한계점에 다다랐음을 비로소 알게 되었다. 이렇게 무기력한 존재였음을 진작 알았더라면, 날이면 날마다 그리 무모한 솟구침을 반복하지 않았을 텐데. 끝없이 좌절하고 배신당하며 불안의 밤을 밀어내곤 했다. 분노와 좌절의 단계를 건너뛰면 그 뒤엔 어찌할 수 없는 부끄러움이 다가선다.

땅속 깊이 숨어들었다. 낮은 곳에 사는 또 다른 물방울과 잠시 몸을 섞었다. 그들은 내게 친절한 말을 건넸지만 어떤 말로도 생채기 난 가슴은 위로가 되지 않았다.

그러던 어느 날, 거부할 수 없는 어떤 강렬한 힘이 나를 끌어당겼고, 어쩌다보니 땅위로 다시 나오게 되었다. 이곳 저곳을 떠돌다 수백 번의 변신을 거듭한 끝에 개울물에 합류하여 큰

강을 향해 흐르게 되었다. 내 몸이 한순간 공중으로 붕 떠올랐다. 기압의 영향으로 수증기로 변하여 순식간에 하늘로 올랐고 곧 구름에 가 닿게 되었다. 얼마 있지 않아 얼음알갱이가 된 나는 구름에서 빠져나왔고 눈이 되어 흩날리다가 산꼭대기에 외로이 선 굵은 소나무 가지 위에 떨어졌다. 처음엔 가벼운 깃털처럼 날아 앉은 눈송이들이 점차 엄청난 무게를 지닌 뭉치눈이 되어 키 큰 소나무의 가지들을 잔인하게 뚝뚝 부러뜨렸다. 부드러운 것이 결코 약한 것이 아님을 보고나서 내 가슴에 남은, 아직 꺼지지 않은 불씨를 다시 피워 올릴 생각을 갖게 되었다.

솔가지에 얹혔다 잠시 머물다간 햇살에 언 몸을 녹인 나는 또다시 물이 되었고 땅에 떨어져 흙속에 스며들었다. 끝없는 유랑이 시작되었다. 나와 뜻을 같이하기를 원했던 물방울들이 속속 모여들었고 골짝마다 나뉘어져 흐르던 물들을 규합했다. 그 옛날 독립투사들이 동지들을 모아 비밀결사조직을 만들었듯이.

열 골, 스무 골의 물방울들이 하나가 되었고 나는 드디어 단단한 물의 몸이 되었다. 물방울이 물줄기가 되고 드디어는 물기둥이 되어 절벽 끝에 선다. 나태함과 안이함에 길들여져 있었던 한낱 물방울이 아닌 거대한 물기둥으로 거듭난 순간이었다. 현실에 안주하여 양심을 외면하고 불의와 맞서 싸우기는커녕 늘 옆으로 한 걸음 비켜섰던 나. 분수대에서 일정한 높이로 솟아오른 뒤 공중분해되어 죽었던 내가 또 다른 생명을 얻어 환생한 것이다. 내 심장은 하루에 천리길을 달린다는 여포의 적토마처럼 쉴 새 없이 쿵쾅쿵쾅 뛴다.

잠시 뒤에 내 몸은 저 아득한 높이 아래로 곤두박질치며 부서지고 박살이 날 것이 분명하지만 나는 이제 자멸自滅이 두렵지 않다. 오히려 날개를 단 새처럼 내 몸은 가볍다.

비로소 내 형체를 찾았고 내 안에서 들리는 참된 소리를 듣는다. 억만 년 동안 잠자고 있던 고매한 정신세계가 나의 매섭고 단호한 추락으로 이제 곧 깨어날 것이다. 깎아지른 벼랑을 타고 내 몸은 소쿠라지고 넌출지고 방울진다. 물기둥이 벼랑 아래로 낙하하는 동안 절벽엔 거짓말같이 아름다운 무지개가 찬연히 선다.

언젠가 트럭에 실려 가다 길바닥에 떨어져 산산조각이 난 통유리의 몸을 보았다. 잠시였지만 길바닥에 쏟아져 내린 유리의 그 찬란한 산화가 눈물겹도록 아름답다고 느낀 적이 있었다. 유리는 애초에 깨어지라고 만들어진 것인지도 모른다. 유리가 깨어지지 않는다면 유리 만드는 공장이 존재할 이유가 없지 않겠는가. 깨어지고 다시 만들어지기를 반복하며 유리는 새 생명을 이어갈 것이다.

내 몸도 벼랑 아래로 추락하자마자 유리처럼 요란한 소리를 내며 종말을 고할지도 모를 일이다. 분수대의 물방울이었을 땐 하늘에 닿을 수 없었지만 폭포가 된 나는 땅 끝에 닿아 부활

한다. 죽고 또 죽어 거대한 물줄기로 절벽을 향해 곧게 선다. 벼랑 끝에 서서 세상을 향한 집착과 아집을 모두 내려놓는다. 섬뜩한 속도를 타고 맹목적으로 낙하한다. 이 순간만큼은 어떠한 고통이나 억압의 채찍질도 나의 질주를 멈추게 할 수 없다. 아니, 산산이 깨어지고 부서져야 그들로부터 자유로울 수 있다. 어쩌면 단말마의 비명을 듣고 새파랗게 질린 산줄기가, 잠자고 있던 산짐승 몇 마리를 엉겁결에 내어 놓을 수도 있겠다. 솔바람 소리, 풍경 소리, 육자배기 가락이 생의 시간 한가운데로 고요히 잦아든다.

용수철처럼 튀어 오르고 용광로처럼 끓어오르며 곧은 소리가 또 다른 곧은 소리를 낳는다. 날개를 달고 추락하는 물기둥 뒤로 벼랑이 다시 서고 청룡언월도를 쥔 내 손이 여지없이 큰 산을 두 조각 낸다.

달아난 고리

저녁상을 물리고 남편이 슬며시 베란다로 나간다. 대여섯 달 동안 일정한 수입금을 집에 던져주지 못하는 안타까움에서인지 말수는 줄고 담배만 늘었다. 몇 년 전부터 시작된 조류독감이니 뭐니 하는 별스런 전염병으로 그 업종과 관련된 사업을 하는 남편은 아직도 경제적인 타격이 상당하다.

몇 달은 어떻게 잘 견뎌왔지만 지난달 바짝 당겨쓴 마이너스 통장마저 결국은 바닥을 드러내고 말았다. 잔고가 남아있으리라 믿고 인출을 하려다가 출금 가능 금액이 제로라는 메시지를 접해 보라. 누구든 당황스럽지 않을 수 없을 것이다. 은행 현금자동인출기 뒤에 기다리고 선 사람을 의식해서인지 얼굴이 화끈거리고 순식간에 자존심마저 팍 구겨지는 느낌이다.

맞벌이를 하며 체감하지 못했던 가정경제 그래프가 계속 상향선을 타다가 어느 순간 곤두박질치자 아무런 대책없이 당하는 나로선 아연실색할 지경이었다. 둘이 벌어도 그런데 혼자 벌어 생활하다가 이런 경우를 당하는 사람들은 어떤 심정일까. 아기 분유를 살 돈이 없어 슈퍼마켓에서 물건을 훔쳤던 주부도, 생활고를 비관해 강물에 투신한 노숙자도 오죽하면 그랬을까 싶다.

이런 부모의 현실을 알지 못하는 아이들은 여전히 명랑하다. 신용카드를 동화 속에 나오는 도깨비의 요술방망이로 안다. 어른이 쓴 그늘을 함께 드리울 필요가 있을까 싶어 이것저것 요구사항을 늘어놓을 땐 궁색한 말들이 목구멍까지 차올랐지만 차마 꺼내놓지는 못한다.

일정한 수입이 중단되자 스트레스는 가끔씩 남편에게 불똥으로 튀었다. 그의 귀가시간이 늦어지고 술에 취해 들어오는 날이 한 달에 태반이다. 아무리 성격 좋은 아내라도 이쯤 되면 참아내기 힘들다. 히든카드인 양 움켜쥐고 있던 다듬지 않은 말들을 현관에 들어서기가 무섭게 쏘아댄다. 잠 못 자고 걱정하며 기다린 것에 비하면 그 정도는 아무것도 아니라는 듯이.

오늘 또 늦는다는 전갈이 왔다. 이번엔 친구 부친 상가喪家에 간다고 했다. 속이 뻔히 들여다보이는 거짓말인 줄은 알지만 따지고 싶지 않았다.

"새벽 서너 시에 귀가하시는 것은 너무 이르니 어지간하면 좀 더 늦게 오시는 편이 어떠하실지…."

회신으로 띄운 메시지를 본 남편이 나의 비아냥거림에 "꽈배기 공장 옆에서 살았냐?"며 곧바로 응수해 왔다.

밤새 끓어올라 다 타버린 냄비가 된 알량한 속은, 새벽에 돌아온 남편에게 고운 눈길을 보낼 수는 없었다. 일찍 들어와도 딱히 할 일도 없고 아내 얼굴 보기도 미안하니 그럴 수밖에 없으리라는 생각에 아량을 베풀고 싶기도 했다. 그러나 어려운 때일수록 자신의 자리를 제대로 지키지 못하는 남편에 대한 실망감이 항상 앞서서 나를 부추겼다. 비굴하리만치 어제의 일을 재차 사과하며 일부러 내 무르팍을 베개 삼는 남편이 마땅찮아 매몰차게 떼 내었다. 어울리지도 않는 콧소리를 내며 어떻게든 이 위기에서 벗어나 보려고 하소연해 보지만 고슴도치의 가시처럼 뻗쳐오른 아내의 불편한 심기를 가라앉힐 자신은 없었던 모양이다. 남편은 담배 한 대를 피워 물고 휑하니 나가버린다. 한 번만 더 자존심을 버리고 받아주었더라면 달리 마음을 먹을 수도 있었는데….

여닫는 문의 무게마저 힘겹게 느껴지던 그의 어깨가 자꾸만 눈에 밟힌다. 못 이기는 척 그냥 둘 걸 그랬다. 그인들 얼마나 마음이 답답하고 속이 쓰리겠는가. 이래저래 잔뜩 풀이 죽었을 그가, 오늘은 거절당한 나의 무릎베개 대신 어디에다 곤한 몸을 눕히려 할까.

한낮이 되어도 그에겐 연락이 닿지 않는다. 심드렁한 마음에 외출을 하려고 화장대에 두었던 목걸이를 찾았다. 언제 그

랬는지 연결고리 부분이 떨어져 나가고 없다. 연결고리가 없으니 주렁주렁 달린 화려한 장식들은 무용지물이다. 작은 고리를 이리저리 비틀며 아무리 제자리에 끼우려 해도 원래대로 잘되지 않는다. 문득 떨어져 나간 연결고리를 보니 불현듯 남편의 모습이 떠오른다.

어쩌면 얽히고설켜 사는 우리는 서로 간에 연결된 작은 고리들인지도 모른다. 부모며 자식, 친척, 직장 동료도 모두가 하나의 고리다. 가끔 나에게 연결된 고리가 거추장스러워 어느 순간 떼 내어 버리고 싶을 때도 있다. 그것만 떨쳐내면 골치 아픈 일들이 술술 풀려버릴 것도 같다. 그러나 고리의 어느 하나가 끊어지면 이어진 다른 고리도 일순간에 생명력을 잃고 만다. 부부라는 연결고리가 제대로 엮어져 있지 않다면 부모와 자식 간의 연결고리 또한 마찬가지다. 어느 한 부분이라도 단절된 인간관계란 이미 당사자들에겐 아무런 의미를 주지 못하는 것이다.

이제껏 나는 항상 남편이 희망적인 것만 가져다주기를 바라왔는지도 모른다. 언제나 꼿꼿이 그 자리에 서서 넘어지지도 기대는 일도 없이 든든한 기둥의 역할만을 충실히 해주기를 원했었다. 남자와 여자가 서로 밀어주고 떠받들어야 사람 인人자라는 글자가 이뤄지듯 어느 한쪽이라도 서로 힘들 때 도우지 않으면 쓰러지고 마는데 지금의 나는 그와는 정반대 방향으로 가고 있는 것은 아닌가. 부족한 점을 보완하기는커녕, 가시 돋은 말들로 상처만을 입혔던 어리석은 처신이라니.

삶이란 고리처럼 항상 어루만지고 닦아주며 헐거울 때일수록 조여 주어야만 더 빛나고 단단해지는 법. 끊어져버린 목걸이를 보고서야 고리의 미학을 새삼 깨닫게 된다.

외출을 하려다가 마음을 접는다. 오늘은 내가 남편의 무릎베개를 자처해야겠다.

바람의 집

어렸을 때, 세상의 모든 바람은 대나무 숲에서 생겨나온 것이라 믿었다. 씨름선수의 팔뚝보다 굵은 왕대나무가 긴 창을 치켜든 장군의 기개처럼 하늘을 찌를 듯했고 그 대숲에 숨어살던 바람이 저 혼자 심심해져서 슬그머니 세상 구경을 나오는 것이라 생각했다.

할머니를 따라 큰 절에 가면 뒤안에는 울타리 같은 대숲이 있었다. 궂은날이 아니더라도 대숲에는 늘 소소한 바람이 일었다. 너무 조용할 땐 강물이 가을바람에 뒤척이는 소리처럼 들리기도 하였다. 바람이 잦아지면 댓잎들끼리 사그락사그락 몸을 비비다가 한쪽으로 몰리면서 물살이 밀려왔다 조약돌 사이를 빠져나갈 때 들리는 소리를 내기도 했다. 이름 모를 새들이 대숲에 깃들어 살다 발걸음 소리에 놀라 숲 여기저기서 잽

싸게 날아올라 하늘 저편으로 사라져버리기도 한다.

봄비가 내린 후, 대밭엔 죽순이 여기저기 쑥쑥 올라와 있었다. 어린 생각에 대나무는 비를 맞을 때마다 죽순을 하나씩 낳는 줄 알았다. 며칠 뒤 그곳에 다시 가보면 땅속에 곤두박질쳐진 고구마 크기만큼 했던 죽순이 어느새 내 키만큼 자라 있었다. 무엇을 먹고 저렇게 빨리 자랐는지 궁금하기도 부럽기도 했다.

대나무 숲은 아무도 범접할 수 없는 서늘한 느낌과 뭔가 알 수 없는 신령스러운 기운이 존재한다고 믿었다. 할머니의 백팔배가 지겨워서 절간 이곳저곳을 기웃거리다가 대숲에 다다르면 서걱대는 댓잎소리가 왠지 무섭게 들릴 때도 있었다. 절에 와서 한곳에 조용히 있지 못하고 온 천지로 쏘다니는 나를 혼내려고 산신령이 노해서 바람을 일으킨 것이 아닐까 생각하기도 했다. 대숲이 휘파람소리를 내며 울기 시작했다. 갑자기 머리끝이 쭈뼛 서며 무언가가 내 발목을 덥석 붙들 것 같은 두려움에 휩싸였다. 하얗게 질린 얼굴로 절간 앞으로 뛰쳐나오면 마당을 쓸던 작은 스님이 죽비를 던져놓고 다가와 등을 토닥이며 놀란 가슴을 진정시켜 주었다.

작은 스님은 손재주가 뛰어나 대나무만으로 여러 가지 재미난 것을 많이 만들었다. 어떤 때는 가느다란 대를 한두 마디 잘라서 구멍을 여러 개 내더니 그걸 퉁소라며 불어보라고 했다. 처음엔 대나무 숲에서처럼 '휘-익' 하며 바람 빠지는 소리가 났다. 스님은 싱긋 웃으며 눈을 감더니 대나무 피리를 불기 시작했다. 대나무 마디 어디에 그렇게 맑고 아름다운 소리가 숨어 있었을까. 대숲의 바람을 타고 날아간 피리 소리는 산사의 풍경을 쳤고, 앞산 그림자까지 마당으로 불러들였다. 풀릴 듯 휘어 감는 애잔한 곡조에 나무들과 풀포기조차도 귀가 열려 하늘하늘 춤을 추는 듯했다. 일순, 스님의 짙은 속눈썹에 어떤 영롱한 빛이 반짝였으나 지나가던 햇빛이 잠시 그곳에 머문 것이었는지 눈물방울이었는지는 아직까지도 알 길이 없다.

그렇게 무서웠던 대밭의 바람소리도 언제부턴가 친근하게 들리기 시작했다. 부모님과 떨어져 살았던 내 어린 시절의 외로움을 작은 스님이 만들어 준 퉁소를 불며 달래기도 하고 어머니가 몹시도 보고파지면 남몰래 대밭에다 그리움을 쏟아놓곤 했다. 그래야 마음이 가라앉고 속이 후련해지는 것이었다. 지금도 푸른 댓잎이 누군가를 부르는 듯 '우우우' 소리를 내는 대숲에는 그때 내가 함부로 쏟아놓고 온 속엣말들이 새록새록 죽순처럼 솟아날 것만 같다.

가을이 되면 할머니는 대나무 간짓대로 나무 꼭대기에 달린 감을 땄다. 아래서 밑동을 아무리 흔들어도 떨어지지 않던 감들이 신기하게도 간짓대가 닿아 간질이기만 하면 마당에 펴놓은 멍석 위에 고분고분 내려앉곤 했다. 살다보면 떼쓰는 아이에게 무리한 힘을 가하는 것보다 살살 어르고 달래는 것이 한결 더 나을 때가 많다.

할머니는 그 절에 자주 가셨다. 어김없이 백팔배를 끝내고 법당에서 내려오시면 노스님께서 손수 차를 끓여 대접하셨는데 내게도 한 잔 돌아올 때가 있었다. 대나무 사이에서 자란 차나무의 어린잎을 따서 달인 차라고 했지만 한 모금 마셔보고는 슬그머니 찻잔을 밀어놓았다. 그저 씁쓰레할 뿐, 이 맛도 저 맛도 아닌 그것을 죽로차라고 했다.

아마도 나는 대나무 피리를 불며 여린 마음을 다잡고, 노스님은 죽로차 한 잔으로 수행의 어려움을 다스렸던 것 같다. 도시에 나와 중·고등학교를 다니면서도 노상 선생님의 대나무 회초리에 종아리를 내주며 나태한 마음을 떨쳐내었으니 뭔가를 다스리는 일에는 대나무만 한 것도 없지 않나 싶다.

내게도 스무 해 겨울이 시작되고 있었다. 세상을 향해 턱없는 오기를 부려보기도 했고 아무런 준비 없이 맞아들인 '어른'이라는 이름 앞에서 더럭 겁을 집어먹었던 일도 많았다. 단 한 점의 불빛도 내 것이 되어 줄 것 같지 않았던 깜깜한 절망의 순간도 있었다. 그럴 때마다 어린 시절 작은스님이 건네준 대나무 피리를 꺼내 불어보았다. 퉁소가 소리를 낼 때마다 내마음속엔 마디 굵은 대나무가 한 그루씩 살아나고 있었다. 아직도 희망은 존재한다는 것을 넌지시 일러주기라도 하는 것처럼.

대는 속이 비어서 제 속에 바람을 지니고 사는 것이라고 누군가가 말했었다. 그래서 가만히 서 있기만 해도 대숲에는 바람이 차는 것이라고. 별 내리는 밤, 제 몸속의 적막을 피리 삼아 불어내는 한숨소리. 그러나 이제 더 이상 대숲에서는 바람이 불어오지 않았다. 바람의 집은 바로 내 마음속이었기에. 댓잎보다 먼저 내 안이 술렁거렸고 잠잠한 바람 또한 내 속에서 일었으며 그 바람을 잦게 하는 것도 내 마음만이 할 수 있는 일이었다.

날이 흐리면 대숲이 먼저 비 채비를 한다.

열녀비

하얗게 샌 머리카락처럼 억새꽃이 바람에 쏠린다. 여기저기 굴러다니던 낙엽이 몸을 떨며 마을 앞 비각을 쓸고 지나간다. 하오의 정적으로 감싸진 낡은 비석은 마치 온몸에 먼지를 뒤집어 쓴 한 여인을 떠올려준다. 비가 오나 눈이 오나 단 한 벌의 옷으로, 동구 밖을 향해 애잔한 눈빛을 보내며 행상을 떠난 남편을 기다리는 정읍사井邑詞 여인. 일년에 서너 차례 마을을 들어서는 나를, 비각은 늘 그렇게 반긴다.

내가 시집오기 훨씬 전 시할머니와 시어머니는 홀몸이었다. 두서너 해가 지나고 나서야 짐작을 하게 되었지만, 이 마을엔 우리 집안 같은 경우가 드물지 않았다. 동병상련에 처하면 서로에게 기둥이 될 것 같지만 남편과 아들을 잃어버린 윗여인의 화풀이는 아랫여인에게 고스란히 넘어갔다. 몇 십 년 동안 응어리진 한이 어찌 쉽게 녹아 내릴까. 시어머니의 눈물이 마를 때가 하루도 없었다. 두 여인은 툇마루에 마주 앉아 꾸득꾸득 마른 옷감에 다듬이질을 자주 하셨는데 돌담을 따라 발자국 소리가 들리면 잘도 맞던 방망이의 박자가 어긋나곤 했다. 삽자루를 든 남편이 마당으로 불쑥 들어설 같은 생각이었는지 할머니는 돌담 쪽으로 한참 동안 눈길을 매었다. 할머니의 마음을 짐작하였는지 어머니도 다듬이질을 멈추시곤 했다.

지리산 자락을 타고 내려온 마을이다 보니 민족상잔의 비극을 껴안게 되었는가 보다. 충·효·예라는 전통예법을 목숨처럼 여기려는 문중의 열성도 끼어들었는지 모른다. 아니라면. 터가 센 곳에 마을이 자리한 것이 아닐까 하는 생각이 설핏 들기도 했다.

처음 산행 길에 나섰을 때 정자 주변에는 개망초 꽃이 허리까지 자랐다. 개망초는 빈집 터에 가장 먼저 핀다는 꽃이다. 기와지붕 위의 바스라진 낙엽들은 부엽토가 되었고 이끼들은 지붕 위에서 까치발을 세웠다. 기울어진 문설주 사이로 들여다본 비석에서는 매캐한 먼지 냄새가 밀려왔다. 세월의 풍상은 이곳에도 어김없이 찾아들었는지 액판의 글씨마저 바람에 날려갈 듯 기氣를 잃었다. 명예란 덧없이 흘러가는 뜬구름 같다는 생각이었을까.

열녀비를 볼 때마다 시댁 어른들의 단명이 내 남편에게도 이어질까 적이 걱정이 된 적이 있다. 우스개일지 모르나 한

때에는 내게 꽤 심각했다. 문중 어른들도 새색시를 볼 때마다 가문의 명예를 이어야 한다고 신신당부를 했다. 첫아기를 낳기 전까지만 해도 대단한? 가문에 시집온 것이 자랑스러웠다. 그러나 새색시의 때도 벗고 시댁을 별 감흥 없이 드나들면서 마을 어귀의 열녀비에 왠지 숨 막히는 느낌을 지우지 못했다. 게다가 명절은 물론이거니와 한 달에 한 번 꼴로 찾아드는 문중 제사며 이장移葬과 벌초伐草의 뒤치다꺼리에 불쑥 불만을 토해내는 아녀자들의 목소리는 불살라지는 소짓장처럼 여겨지곤 했다. 급히 먹었던 떡 조각이 목에 걸린 꼴이다.

근래 출가한 딸들의 목소리가 높아지고 있다. 문중 재산 분배에 여성에게도 종중宗衆의 자격을 달라는 소송을 거는 집안도 생겨났다. 그 집안이 내 친정인 청송 심沈씨 일가이다. 여성 차별을 타파해보려는 노력이 한편으론 시원하기도 했다. 딸이자 며느리인 이 땅의 여성들이 원하는 것은 열녀비가 아니라 인간적인 관심임을 알아주었으면 하는 게 아닌가 생각하기도 했다. 그런데 내 시댁은 아직 세상의 이러한 변화에 둔하다. 어쩌면 알고도 모른 척하는 것일지도 모르겠다.

요즘 시댁을 찾을 때마다 어울리지 않은 변화가 눈에 띈다. 와불당이 자리한 운주사가 근처에 있는 탓으로 마을에서 그리 멀지 않은 곳에 위락시설이 하나 둘 늘어가고 있다. 도시의 향락풍조가 이곳까지 흘러 들어오는가 싶어 씁쓸해지기도 한다. 그런데 마을에서도 유별난 변화가 더불어 일어났다. 다름 아닌 해마다 열녀비를 보수하려는 극성스런 움직임이다. 어쩌면 열녀비를 마을의 정기를 지켜주는 당산나무나 장승으로 여기는 지극한 마음씀씀이일지도 모르겠다.

며칠 전 시댁에서 연락이 왔다. 열녀비를 보수하기 위한 비용을 염출한다는 문중회의의 통지였다. 남편은 고향일이라면 발 벗고 나선다. 객지에 편하게 살면서 선산을 자주 찾지 못하는 죄스러움 때문인지, 아니면 김해 김씨 석송공파 후손이라는 출생반점을 확인하고 싶어서일지 모르나 남편의 애향심은 내가 봐도 가상하다 못해 전통의 굴레에 지나치게 얽매여 있지 않는가 하는 생각에 들 때가 있다. 그럴 때 나는 괜히 심드렁해진다. 처갓집 일이라면 저리도 반색할까.

열녀비를 단장한 후 시댁에 들렀다. 비각이 단청을 입었다. 그러나 내 눈에는 단청에 비해 더 초라해진 비석이 자꾸 눈에 박히고 잔금이 더 뻗친 듯한 비석의 글자조차 더 흐려져 보인다. 색상이 좋은 페인트일지라도 비석은 덧칠되지 않는다. 겉치장은 열녀비 뒤에 서 있을 여인의 응어리를 삭혀줄 수 없다. 치마 끈을 부지불식간에 풀려는 현대여성들에게 인습을 강요하는 치장으로밖에 보여지지 않는다.

진실로 바람직한 것은 시대에 맞게 가정과 부부간의 의식을 바꾸는 것이 아닐까 싶다. 이런 뜬금없는 생각에 빠진 내 속도 모르고 곁에선 남편은 자신의 부조금이 이루어낸 성과에 흐뭇한 웃음을 거둘 줄 모르며 주위를 몇 차례나 돌았다. 그 웃음과 발걸음에 깔려있는 무언의 압력을 눈치 채고 보니 얄밉다 못해 야속해서, 한마디 툭 던져본다.

"열녀비烈女碑옆엔 열부비烈夫碑가 있어야 제격이지."

내년 이맘때쯤이면 억새꽃이 다시 피고 지붕에는 이끼가 무성해질 것이다. 한의 앙금은 이끼로 뾰족하게 돋아 오를 게다. 이제는 열녀비보다는 부부 백년 해로비나 세워졌으면 하는 바람을 안고 시댁마을을 다시 들어선다.

빨대

좀 멀리서 보았을 땐, 나무에 매달린 것들이 링거줄인 줄 알았다. 극심한 가뭄에 도심지의 가로수가 말라가면 관공서에서 물차를 동원하고 영양제를 나무 몸통에 꽂아 놓는 것처럼 이 산속에도 죽어가는 나무를 살리려는 나라님의 손길이 닿고 있구나 생각했다. 그러나 나무가 서있는 곳으로 조금씩 가까이 갈수록 내 눈의 망막이 뇌로 전달한 정보가 얼마나 터무니없는 것이었는지 깨달았다.

겨울이 되면 자신의 몸통에서 수분을 모두 빼버리는 나무들. 찬 기온에 얼어 죽지 않으려는 자구책이다. 봄이 되면 나무들은 그 몸에 다시 물을 채우는데 단풍나무과 식물들은 뿌리로부터 올리는 물의 양이 많아 몸통에 조그만 구멍을 내면 수액이 밖으로 흘러내린다. 그중에 고로쇠나무는 다량의 미네랄과

당분이 풍부하여 맛이 진하고 향이 좋다.

봄 한 철 잠깐, 자연이 주는 이 특별한 선물을 받기 위해 사람들은 나무에 구멍을 뚫어 봉지를 매단다. 물을 올리는 물관부가 나무 껍데기 바로 아래에 있기에 작은 구멍을 얕게 뚫어도 수액을 받을 수 있지만, 비싼 고로쇠 물 값에 눈먼 사람들이 나무 몸통에 파이프까지 꽂아가며 수액을 뽑아내고 있는 것이다.

텔레비전에서는 고로쇠 수액을 채취하기 위해 나무둥치를 드릴로 무지막지하게 뚫는 장면이 여과 없이 송출된다. 수액이 흐르지 않는다고 이곳 저곳을 마구 뚫어 나무가 마치 따발총을 맞은 듯 흉물스런 모습이다. 애초에 물길을 정확히 찾아 뚫었다면 나무의 고통도 덜했을 게다. 길옆에는 호스 관이 어지럽게 늘려있고 그 아래로 커다란 고무 통이 받쳐져 있다. 뚫린 구멍마다 꽂아 넣은 관을 통해 나무의 수액들이 한 방울 한 방울 떨어진다. 옆구리에 구멍이 나고 여러 개의 수액주머니가 달린 고로쇠나무를 보니 오래 전, 응급실에서 링거액을 맞으며 누워계셨던 아버지의 모습이 떠올랐다.

한밤중에 긴급히 병원으로 이송되기 전까지, 아버지는 나의 튼실한 고로쇠나무였다. 아버지의 등줄기에 식은땀 흐르는 것도 모르고 나는 빨대를 깊숙이 꽂아 아버지가 땅속뿌리로 잦아올려 모은 수액을 힘껏 빨아 들이켜곤 했다. 수액 한 방울이 얼마만큼의 노동과 시름의 결과물인지도 모른 채, 그 달콤함에 마냥 취해 있었다. 마르지 않는 샘처럼 키 큰 고로쇠나무는 언제나 내 목마름을 적셔주었고, 넉넉한 그늘 아래 쉴 수 있게 해주었다. 깊숙이 들이민 빨대 아래엔 영양분이 잘 배합되어 마시기 좋은 수액이 저장되어 있었고 내가 배고플 때나 목마를 때면 아낌없이 그것들을 내주었다. 단 한 번도 그 수액이 말라 버리지 않을까 걱정하지 않았다. 또 그 수액이 어떻게 만들어지는 것인지 궁금해 하지도 않았다. 아버지는 사나운 비바람 속에서도 대지에 넓고 깊게 내린 뿌리로 언제나 당당한 모습이었기에 웅숭깊은 우물처럼 그 안에서 생겨나는 수액이 언제나 넘쳐날 것이라 믿었었다.

어느 순간부터였다. 숨을 참고 흠뻑 들이마신 빨대 속으로 이제껏 내가 받아들인 익숙함, 아니 어김없이 아버지가 제공해 온 그 달콤하고 시원했던 혀끝의 감각 대신 한밤의 허기처럼 빈 공기만이 훅하고 입속으로 들어왔다. 패스트푸드점에서 주문한 키위주스를 마시다가 빨대 속으로 올라오는 액체의 양이 급격히 줄어들 때가 있다. 주스를 담은 용기에서 빨대를 뽑아 올려 끝이 막혔나 살펴보는 것처럼, 잠시 나는 아버지의 옆구리에 꽂았던 빨대를 뽑았다. 빨대는 아무렇지도 않았다. 끝이 구부러지지도 않았고 이빨로 물어뜯어 입구가 막혀 있지도 않았다. 패스트푸드점이었더라면 주문을 받아 주스를 건네 준 직원에게 따질 참이었다. 알맹이를 제대로 갈지 않아 빨대가 막혔다고 항의하면 새 것으로 바꿔 줄지도 모를 일 아닌가.

하지만 아버지는 패스트푸드점의 직원도 관리인도 아니었다. 냉장고에서 신선한 과일을 꺼내 지금 내가 원하는 달콤하고 시원한 주스를 다시 만들어주지 못했다. 철석같이 믿어 온 나의 든든한 배경, 나의 젖줄 같았던 근원에 빨대를 최대한 깊게 꽂았다. 낮은 바닥에 닿게 하여 최후의 수액 한 방울이라도 얻기 위해 힘껏 들숨을 쉬었지만 배신감 같은 공허함만이 다시 내게 전해질 뿐이었다.

빨대 속으로 내가 원하던 수액이 올라오지 않자 아버지께 온갖 불평과 원망을 쏟아내었다. 한곳이 막히면, 아버지의 다른 몸에 구멍을 내고 다시 빨대를 꽂아 여기저기 휘저으며 상처를 내기도 했다. 아무렇지도 않은 듯했지만 그때부터 아버지의 몸은 조금씩 흔들리고 있었던 것이다.

아버지란 나무가 거친 폭풍우에도 혼신의 힘을 다해 버티고 있음을, 삶의 쓰라린 고통과 혹독한 시련을 그저 굵은 나이테로만 새겨두었음을 그때는 눈치 챌 수 없었다. 비바람에 불안한 각도로 휘어진 아버지의 등을 발견했을 때도 나는 아버지께 가지를 뻗지 않았다. 내 흥에 겨워, 내 삶에 바빠 아버지가 내는 깊은 신음소리를 듣지 못했다. 겉으로는 너털웃음을 웃는 아버지가 속으로는 지독한 고독을 홀로 견디고 있음을 몰랐다. 아버지라는 그 우람하고 든든했던 존재가 “쿵!” 하는 소리를 내며 산비탈로 쓰러지고 난 뒤에도, 내가 꽂은 빨대 때문에 아버지가 그리 되셨다는 것을 굳이 인정하고 싶지 않았다. 간

암 말기라는 의사의 진단에 희망을 놓아버린 아버지의 눈동자가 나를 향해 무언가를 말하려고 했을 때도 나는 아버지와 눈을 마주치지 않았다. 그 고통이 얼마나 심했던지 아버지는 지나가는 소리로 "한 대에 백만 원 하는 주사를 맞으면 이렇게 아프지 않다던데…."라고 하셨다. 내 아이에게는 그까짓 백만 원이 아깝지 않았지만 솔직히 가망도 없는 아버지께 백만 원짜리 통증완화주사를 놓아드리기는 아깝다는 생각이 들었다. 죽어가는 아버지가 주사 한 방에 다시 소생할 것도 아니었기에. 나는 끝까지 못들은 척했다. 그리고 일주일 뒤, 아버지는 내가 잠깐 자리를 비운 사이에 이승의 끈을 놓으셨다.

솥발산 공원묘지에 아버지를 모시고 몇 달이 지나 딸아이를 출산하게 되었다. 아이는 건강하게 잘 자라 주었다. 어느 날 나는, 네모난 종이팩에 든 달콤한 우유를 먹기 위해 안달하는 내 아이에게 빨대를 꽂아 흡입하는 방법을 가르치고 있었다. 직장 일로 늘 바쁘게 생활하느라 아이를 돌볼 여유가 없었던 터라, 손에 컵을 쥐어주지 않아도 빨대만 있으면 아이가 먹고 사는 데는 지장이 없을 것 같았다. 몇 번의 실패를 거듭하고는 드디어 빨대에 적응한 아이가 좁고 가느다란 대롱 속으로 순식간에 하얀 액체를 빨아 당기는 것을 보았을 때 그 모습이 어찌나 대견스러운지 입에서 절로 탄성이 나왔다. 자식 입에 음식 들어가는 순간처럼 기쁨이 없다고 하던 말이 그제야 실감이 났다. 아버지도 그러셨을까. 당신의 몸에 빨대를 꽂고 단물,

쓴물 다 빨아먹는 나를 보고도 마냥 기뻐셨을까. 그 최후의 순간, 당신을 위해 단 한 방울의 수액을 원했건만, 나는 매정하게도 그 한 방울의 수액조차 허락하지 않았던 게다.

어렸을 때의 일을 기억하지 못하고 다 커버린 아들, 딸들이 세상에 나가 맞는 바람이 녹록지 않는 듯하다. 미래를 꿈꾸며 한 발 한 발 내딛다가 세찬 바람의 채찍을 맞으면 잠시 주춤하기도 한다. 어떤 방법으로든 스스로 이겨나가길 바라지만 힘겨워하는 모습을 볼 때마다 나도 모르게 손을 내밀고 만다. 자식들에게 내 속엣것들을 아낌없이 다 내어주고서도 저 고로쇠나무처럼 넉넉하고 우직하게 그 자리에 설 수 있을까.

아버지는 참 오래도록 나를 견디셨다. 아무리 잎이 시들고 허리가 구십 도로 꺾여도 내 마음속엔 결코 뽑아낼 수 없는 한 그루의 나무가 우뚝 서 있다. 그 나무가 땅속 깊은 곳으로 잔뿌리까지 뻗어 힘겹게 수액을 빨아 당긴다. 속을 보여주지 않는 종이팩처럼 내 속에 든 액체의 마지노선까지 빨대를 깊숙이 꽂는다. 하지만, 더는 빨려 올라올 것도 없는 얄팍한 바닥뿐인 나의 실체를 감지했을 때, 나는 황급히 내 몸 밖으로 탈출하고 말았다.

저기 저 산, 팔부 능선에 강제수혈을 당한 고로쇠나무 아버지들이 옆구리에 링거액 주머니를 주렁주렁 단 채 줄지어 서 있다.

멸치 똥을 따며

나이 오십이 넘어 소주 맛을 알게 되었다. 새벽녘에 내린 소낙비에 잠이 깨어 아무리 뒤척여도 다시 잠들기가 힘들다. 부엌에 나와 냉장고에 든 소주 한 병을 꺼낸다. 기껏해야 마른 멸치 한 줌을 고추장에 찍어 먹는 것이 안주의 전부지만, 이제 안주 없이도 술맛이 쓸 때와 달 때를 구분할 수 있게 되었다.

멸치 대가리를 떼어내고 새까만 똥을 빼낸다. 멸치 똥을 쉽게 빼내려면 아가미 쪽에 이쑤시개를 넣고 아랫배 부분을 들어올리듯 하면 모양이 흐트러지지 않게 멸치 똥만 제거할 수 있다. 이 방법을 몰랐을 땐 멸치를 반으로 쪼개어 속에 든 새까만 똥을 긁어내느라 멸치 몸통이 부스러진 게 태반이었고 깔아놓은 신문지엔 멸치가루가 수북했다.

멸치의 어원은 물 밖으로 나오면 금방 죽는다는 데서 유래

했다고 한다. 광활한 바다에선 큰 물고기에게 쫓겨 다니느라 항상 주눅 들었을 테지만, 줏대도 없고 창시도 없고 배알도 없는 요즘 세상 사람들을 비꼬느라 오히려 작은 멸치를 뼈대 있는 가문이라 우스갯소리를 자주 한다. 보통 물고기의 위胃주머니를 가르면 그 물고기보다 작은 크기의 물고기가 들어있지만, 멸치는 배를 갈라도 작은 물고기가 나오지 않는다. 물고기가 아닌 플랑크톤을 먹기 때문이다. 이렇듯 먹이사슬의 가장 아래에 있는 물고기가 멸치인 것이다.

지금은 불면증 환자의 안줏거리로 오른 저 멸치의 전생도 어느 한때는 격정의 찰나가 지나갔으리라. 기껏 살아봐야 1년 반 정도라는데, 구부러진 등과 몸에 비해 유난히 큰 입은 비스듬히 경사져 있다. 비쩍 말라버린 몸과, 그 여린 뼛속에 감히 소리 한번 못 내지르고 억눌렸던 비명이 숨었으리라. 생각해보니 저 새까만 똥은 그냥 단순한 똥이 아니라 멸치의 내장들이었다. 언뜻 보기에 검고, 맛도 씁쓰레하여 멸치 똥이라 여겼던 게다.

멸치 똥을 따며 문득 생각해본다. 당신도 저 멸치의 내장처럼 어지간히 속을 태웠겠구나. 내장이 마르고 비틀어져 저리도 새카맣게 타버렸겠구나. 새벽별 보고 출근하여 거래처를 한 바퀴 쭉 돌아보고 자갈치 시장 모퉁이, 뜨거운 멸치 국물에 말아먹었던 국수 한 사발. 꽃무늬 몸빼 입은 국숫집 할머니는 멸치내장도 빼지 않고 통째로 육수를 낸다고 했다. 약간 씁쓸

해도 몸에 좋은 영양분이 엄청 많다나 뭐라나.

바싹 마른 멸치처럼 고달픈 삶을 살며 당신은 또 얼마나 많은 좌절을 맛보았을까. 단단한 벽에 박히는 못처럼 때로는 튕겨나고 때로는 온몸이 구부러지기도 하며 그 고통의 순간들을 견뎌내는 동안 애간장인들 어찌 녹아내리지 않았으랴.

삶이 막막함으로 다가와 주체할 수 없이 울적해질 때, 세상의 중심에서 밀려나 어느 한 구석에 처박혀 버린 듯한 회의에 빠진 적도 많았을 테지. 그 숱한 날들의 상처들도 저녁에 대문을 열고 들어서면 마당의 조롱박처럼 달린 자식들의 천진난만한 눈동자를 보며 조금씩 아물어 갔을 게다. 하지만 이미 멸치 똥처럼 새까맣게 타버린 아픈 속을 끝끝내 보여주지 않았기에, 그 속 모르는 아내는 아무런 준비도 없이 갑작스런 이별을 맞이할 수밖에.

후두두둑! 소낙비가 내리는 새벽녘에 옆에 누운 사람에게 늘 하던 버릇처럼 “여보, 창 밖에 비가 엄청 내리네요.”라고 소곤거리면, 비몽사몽간에도 “그러게 말이야. 웬 소낙비가 저리 내릴까.”라며 대답해 주던 사람이 이젠 내 곁에 없다. 그가 존재하지 않는 공간이 이토록 헛헛하고 적막할 줄은 예전엔 미처 몰랐었다.

내가 누군가를 필요로 할 때, 또 누군가가 나를 필요로 할 때 나는 비로소 존재함을 깨닫는다. 여태껏 나를 지탱해 온 힘은 가까이서, 혹은 멀리서 언제나 나를 따뜻하게 품어주고 바라보아준 누군가의 시선이 있었기 때문이었다.

돌아올 수 없는 강을 훌쩍 건너가 버린 사람. 나보다 먼저 당도해버린 그곳은 나중에 내가 혼자서 가야 할 먼 길이다. 너무 아프고 시린 슬픔도 먼발치에 떨어져 바라보면 그 농도가 조금은 옅어지는 것일까.

어디서부터 언제 어떤 일이 들이닥칠지 도무지 알 수 없는 상황이지만 그럼에도 오늘을 묵묵히 살아가는 우리들 속에 그와 나는 함께 묶여 있었다. 인간이란 우주적 종말이라는 불안한 시간 앞에 서 있는 유한한 존재들이고, 우리가 그토록 애써 살아가는 일상이란 새벽녘 빗소리에 잠깨어 소주 한 병을 놓고 안주삼아 '멸치 똥을 따는 일'과 크게 다를 것이 없지 싶다.

불면증에 소주 몇 잔이 특효약이 될까마는 한 잔은 내가 마시고, 또 한 잔은 그냥 비워둔다.

빈 자장면 그릇과 신문지 한 장

가게 앞에 자장면 빈 그릇이 놓여있다. 어제 그 길 앞을 지나올 때도 보였는데 아직 그대로인 것을 보니 자장면 배달한 아이가 찾아가는 걸 잊어버렸거나 지금은 너무 바쁜 시간이라 좀 한가해지면 그릇을 한꺼번에 수거해 가려고 미루어둔 것일 게다. 그게 아니라면 가게 주인이 어제도 시켜먹고 오늘 또 생각나서 다시 시켜 먹은 걸까. 어찌되었건 이 집 주인이 자장면을 즐겨먹는 것은 확실하다. 늘 오가며 보는 그 집 앞에는 자장면 빈 그릇이 자주 놓여있었다는 사실이 그것을 증명한다.

요즘 사람들은 끼니 한 끼 때울 만한 마땅한 음식이 떠오르지 않을 때나, 급히 끼니를 때워야 할 때 자장면을 즐겨 찾는다. 자장면은 특별한 밑반찬이 필요 없다. 노란 단무지와 양파 몇 조각에 식초와 까만 춘장만 조금 있으면 그저 쓱쓱 비벼서

한 입 가득 집어넣으면 그만이다. 언뜻 보기에는 검은 빛깔 때문에 별 맛이 없어 보이지만 막상 입에 넣으면 혀끝에 착착 달라붙는 쫄깃한 검은 면발과 춘장 특유의 향긋한 맛이 일품이다. 나 또한 이 기막힌 자장면 맛을 못 잊어 먹고 난 뒤 속이 부대낄 줄을 뻔히 알면서도 마땅한 메뉴가 없을 때면 습관처럼 시켜 먹는다. 아마도 자장면이 처음 이 집에 배달되었을 때에는 가게 주인 또한 입가에 시커먼 자장을 잔뜩 묻혀가며 볼이 터지도록 맛있게 먹었을 터이다. 하기야 서민의 얄팍한 주머니 사정을 생각한다면 이만한 가격에 그처럼 배 터지게 고마운 행복을 안겨주는 메뉴도 그리 흔하지는 않을 듯싶다. 설령 가게 주인이 벌이가 시원찮아 비싼 음식은 엄두를 내지 못하고 값이 저렴한 자장면을 시켜먹었다손 치더라도 굳이 나는 그 가게 주인이 자장면을 즐기기 때문에 매일 시켜먹는 사람이라 생각하기로 마음먹는다.

빈 자장면 그릇을 신문지로 덮어 내놓는 것은 자장면을 맛있게 먹은 사람이 그것을 담아온 그릇에게 고마움을 표시하는 조그만 배려일 수도 있겠다. 하지만 자장면을 비우고 바깥으로 내몰린 그릇이나, 날짜가 지나 일부러 다시 펼쳐 볼 일이 없어진 신문지나 피차일반 새로운 것에 밀려난 처량한 신세가 되다 보니 서로가 그 아픔을 쓰다듬고 덮어주기엔 이보다 더 좋은 친구가 없지 싶다. 빈 그릇과 그 위에 엎드려 착 달라붙은 신문지 사이는 누가 봐도 찰떡궁합이라 아니 할 수 없다.

신문지에 덮인 빈 자장면 그릇을 보니 어려웠던 시절, 아니 지금도 사라지지 않은 광경이 떠오른다. 부산역 광장의 노숙자들이다. 추워서 몹시 움츠러든 그들은 긴 의자 위에 종이 박스를 깔고 작은 담요 조각을 목숨처럼 부여잡고 있었다. 때 묻은 담요조각이라도 가진 사람은 그나마 나았다. 어떤 이들은 맨 바닥에 누운 채 신문 몇 장 덮고 자는 게 이부자리의 전부였다. 유행은 지났지만 내가 걸치고 있던 두터운 외투가 그들 앞에선 어찌 그리 사치스럽게 느껴졌던지 황급히 그 앞을 지나쳐왔다. 가끔은 신문지가 감싸고 있는 빈 자장면 그릇이 몹시 부러워질 때가 있다.

배고픈 개 한 마리가 그 앞을 지나간다. 많이 해본 솜씨인지 앞발로 능숙하게 신문지를 들춰낸다. 굳이 보고 싶지 않은 빈 그릇의 내부가 훤히 드러난다. 이게 웬 떡이냐 싶어 킁킁거리며 냄새를 맡더니 그릇 안에 얼굴을 디밀고 말라붙은 면발을 끌어올린다. 사람이 먹다 버린 단무지 한 조각도 배고픈 짐승에겐 성찬이다. 모딜리아니의 그림에서 본 〈목이 긴 여인〉처럼 아직도 하얗고 긴 목을 늘인 나무젓가락이 그릇 안에 요염한 자세로 드러누워 있다.

짐 실은 자전거 하나, 가게 앞으로 지나간다. 흑백사진에서 본 듯한 주름살이 너무 깊어진 이마를 가진 아저씨가 개의 거룩한 성찬식을 바라본다. 하지만 그의 식사를 방해하는 어떠한 행동도 하지 않는다. 누군들 그 배고픈 개를 감히 욕하고

발로 차며 가난한 밥그릇에서 떼어낼 수 있으랴. 차갑게 식은 찌꺼기뿐인 빈 그릇 속을 길게 늘인 혀로 속속들이 핥아 버린 개는 마뜩잖다는 듯 앞발로 그릇을 몇 번 툭툭 차다가 이내 저편 골목으로 모습을 감춘다.

좀 전까지만 해도 빈 그릇을 감싸고 있던 신문지가 때마침 불어온 바람에 이리저리 구겨지며 재빠르게 날려간다. 자신의 몸속에서 손발을 꺼내기라도 하듯 제 모서리를 바퀴처럼 굴려 가며 다시 머무를 곳을 찾는다. 흙먼지를 안고 여기저기 부딪쳐 생채기가 난 신문지는 생선가게 앞의 움푹 파인 웅덩이에 빠져 몸이 젖더니 파스처럼 바닥에 찰싹 들어붙는다. 물기가 스며들어 한 번 붙은 몸은 어지간한 바람에도 이제 딴곳으로 날려가지는 않을 듯하다.

빈 그릇은 지붕처럼 자신을 덮어주었던 신문지의 부재가 아직은 실감이 나지 않는다. 처음엔 신문지가 자신을 누르고 있어 몹시 갑갑하다고 느꼈을 게다. 덮고 있던 신문지가 날아가 버린 빈 그릇은 별것 아닌 바람에도 엉덩이가 들썩거리며 이리저리 나뒹군다. 맨몸이 드러난 빈 그릇은 갑자기 자신이 부끄러워졌고 답답하게만 여겨졌던 신문지의 무게가 그리워진다. 배고픈 개의 등장으로 원치 않았던 이별을 하였건만 그래도 제 몸을 지긋이 눌러주었던 신문지의 체온이 그립다. 바람에 굴러간 신문지가 물웅덩이에 찰싹 달라붙어 떨어질 생각을 않으니 다시 돌아올 일은 만무하고 빈 그릇의 가슴엔 용해되지 않는 공허와 슬픔만이 그득하다. 하지만 내쳐진 것들에게도 안착할 곳이 있다면 그나마 조금은 가슴이 덜 시릴 것 같다. 날아간 신문지가 오래도록 한곳에 머무를 수 있기를 빈 그릇은 바란다.

어쩌면 자장면 빈 그릇과 신문지는 처음부터 갈 길이 달랐던 게다. 그런 일이 없었더라면 조금 뒤 중국집 자장면 배달부가 오토바이를 타고와 빈 그릇을 철가방에 덥석 집어넣어 갔을 것이다. 그러면 거리에 신문만 덩그러니 혼자 남아 그릇이 앉아있던 빈자리를 추억하듯 쓰다듬고 있지 않았을까. 영원히 함께할 수 있는 사랑이란 이 세상엔 존재하지 않는 걸까. 위로받고 싶을 때 위로받고 슬픔을 나누고자 하는 사람에게 슬픔을 나눌 수 있는 사람은 얼마나 행복한 사람인가.

신문지는 물웅덩이에 안착하고, 자장면 빈 그릇은 철가방에 담겨 다시 중국집으로 실려 가겠지만 아직도 어디에 앉지도 못하고 마당을 빙빙 도는 잠자리처럼 마음 둘 곳 찾지 못한 나는 길 아닌 길 위에서 길을 찾아 헤맨다.

급커브를 돌다

세상이 텅 빈 것 같다. 한 사람이 나보다 조금 먼저 왔던 길을 되돌아갔을 뿐인데, 속도를 제어하지 못한 차가 급커브를 돌 때처럼 온몸이 한쪽으로 쏠린다. 똑바로 앉은 것 같지만 몸의 각도는 엉성하게 기울어져 있다. 산비탈에 선 나무들이 조심스레 흔들리던 바깥 풍경도 시야에서 사라진다. 생의 무게 중심이 삽시간에 흐트러져 내 몸은 내 정신으로부터 한참 멀어져 있다.

자꾸만 한쪽으로 허물어지려는 몸을 똑바로 세워보려 안간힘을 쓰지만, 커브의 원심력은 나를 원래 있던 자리에 가만히 두지 않는다. 중심을 잡으려고 급브레이크를 밟는다. 그러나 가속이 붙은 차는 더 이상 명령에 복종하지 않는다. 현기증 같은 것이 눈앞에 아뜩하게 밀어닥친다.

캠핑장에서 과일을 깎고 나뭇가지를 자르던 잭나이프처럼 내 속에 얌전히 접혀 있었던 수많은 손과 발들이 커브의 격렬함과 맞서기 위해 앞 다투어 바깥으로 튀쳐나온다. 하지만 너무 오랫동안 접혀있었던 각각의 도구들은 이 완강한 커브를 곧게 펴는 데 별다른 도움이 되지 않았다. 한꺼번에 너무도 많은 것을 움켜쥐려 했던 수십 명의 또 다른 내가, 일순간 나와 분리되어 와르르 쏟아지고 만다.

진작 속도를 줄였어야 했다. 내가 달려가는 길에 이런 급격한 커브가 있으리라곤 미처 생각하지 못했다. 어쩌면 달려오던 길에 있었을지도 모를 완화곡선 구간을 아무 생각 없이 지나쳐왔을 수도 있었겠다. 운전초보도 아닌 베테랑이 이런 어이없는 실수를 하다니.

그와 나는 각각 다른 자동차를 타고 달리고 있었다. 삶이 파놓은 깊은 구렁에 빠져 그가 액셀을 연거푸 밟으며 헛바퀴를 돌리고 있을 때도 내 귀엔 그 소리가 들리지 않았다. 내가 켜놓은 음악 소리가 너무 컸기 때문이다. 그가 죽을힘을 다해 혼자서 구렁을 탈출하였을 때도, 내 눈은 진흙탕에 빠졌었던 차바퀴의 고단함을 알아채지 못했다. 내 눈높이는 언제나 저 높은 곳을 향하고 있었기에.

이별이 단지 이별이라는 사건만으로 끝난다면 사람에겐 처음부터 마음이란 것이 없었을지도 모른다. 검은 머리가 파뿌리 되도록 평생 함께 가리라 믿었던 사람과의 갑작스러운 사별

死別로 물 한 모금 마시기가 힘들었다. 실어증 걸린 사람처럼 말 한마디도 제대로 할 수 없었다. 억지로 그의 기억을 떨쳐내려고 넋을 잃은 듯 멍한 시간을 보냈지만 깊은 수조 속의 *파일럿피시가 하나씩 둘씩 수면 위로 떠오를 때마다, 잠시 잊고 있었을 뿐 이별 이전의 기억들은 결코 사라지지 않는다는 것을 절절히 느끼게 된다.

그가 이승의 끈을 놓기 달포 전, 평소에 하지 않았던 가족여행을 제안했다. 아이들에게 마지막 추억을 남겨주려 한 것일까. 고향 선산을 찾아 조상님 묘소에 일일이 성묘를 한 것도 지금 생각해보니 먼 길 갈 준비를 한 게 아닌가 싶다. 아무리 부탁해도 안하던 일들을 자청하니 의아하긴 했지만, 그때는 저 사람이 이제야 철이 드는가 보다 했다.

떠나기 며칠 전 그의 활짝 웃는 모습이 내 휴대폰으로 전송되어 왔을 때, 표정은 밝았지만 왠지 슬퍼보였다. 난데없이 왜 당신의 사진을 보냈을까. 알 수 없는 불안감이 엄습해 왔고 예감은 언제나 그렇듯 적중하여 현실이 되어버렸다. 그가 나에게 얼마나 소중한 존재였는지를 깨달았을 때 이미 그는 가고 없었다. 무심코 받은 사진이 그의 영정사진이 될 줄이야.

길을 가다가 무척 다정해 보이는 커플을 만날 때가 있다. 밥은 먹었느냐고, 옷은 왜 이렇게 얇게 입었냐고. 사소한 그들의 대화가 나를 멈춰 서게 한다. 나도 저런 사람이 있었는데. 언제나 내 걱정으로 하루를 시작하는 사람이 있었는데….

과거형은 가끔씩 위로가 되기도 하고 가끔씩은 슬픔이 되기도 한다. 그 사람은 과거라서 가슴 시리다.

떠난 사람의 빈자리를 깨닫지 못하고 나 혼자 부지런히 외출 준비를 하다가 낡은 옷장에서 아직 남겨놓은 그의 양복 한 벌을 무심코 꺼낸다. 늘 함께 가던 부부동반 모임인데, 와이셔츠나 넥타이를 찾으며 조금은 들뜬 그의 목소리가 이제는 들려오지 않는다. 정신을 차리고 보면 분주하던 안방이 어느 순간 정지된 화면처럼 멈추어져 있다. 그의 부재가 낯설고 황망하다. 하지만 결국 이별의 고통은 남겨진 자의 몫이고, 이제는 소중하게 간직한 그 기억의 힘으로 남은 시간을 이겨내야 하는 것인가 보다.

내 옆자리에 그가 함께 있었더라면, 오늘도 코너링하기 전에 분명 감속을 하라고 주의를 줬을 것이다. 요즘 들어 부쩍 중요한 일을 시작할 때, 갈팡질팡하며 결정 장애를 겪는다. 이럴 때마다 내게 인생의 길을 알려주는 내비게이션이라도 하나 달렸으면 얼마나 좋을까 하는 생각이 든다.

"백오십 미터 전방은 급커브 구간이니 미리 속도를 줄이고 주의운행하세요."라고 친절히 도로 사정을 알려주는 첨단의 시스템처럼 앞으로 살아갈 길이 좌회전인지 우회전인지 어느 지점에서 U턴을 해야 목적지에 빨리 도달할 수 있는지 누군가나 대신 판단해서 정해준다면 지금처럼 고달프지는 않을 게다. 그러나 삶의 길엔 내비게이션이 없다. 누구도 나의 앞길을 가르쳐 주지 않는다. 오로지 나 혼자서 갈 길을 정하고 어떤 속도로 가야 할지, 어디서 방향을 바꿔야 할지 선택해야만 한다. 아무리 갈 길이 멀어도 누가 대신 가 줄 수는 없는 법. 인생길에 함께 갈 친구라도 있다면 그나마 고마운 일이다.

어떤 삶이든 살아온 발자취는 자신의 마음속에 영원히 각인될 것이다. 요즘 내가 가는 길은 오르막인지 내리막인지 분간조차 하기 힘들다. 하지만 이제부터는 내가 가는 길에 집중하며 주위를 찬찬히 돌아볼 생각이다. 오르막일 때 힘들어 못 보았던 달콤한 아이스크림 가게를 내리막길에서 발견할 수도 있을 게다. 늘 탄탄대로 같은 평탄한 삶이라면 무슨 재미가 있을까 싶다. 설령 길을 잘못 들어 헤매게 될지라도 불평하기보다는 이제껏 볼 수 없었던 새로운 풍경을 느릿느릿 제대로 탐색해 볼 심산이다.

오늘 만난 급커브길이 인생의 꺾임이 아닌, 힘겹게 달려온 사람들에게 주어지는 선물처럼 내게는 잠시 숨 고르는 시간이 되었으면 좋겠다.

*파일럿피쉬: 새 어항에 물고기를 담기 전에, 그 어항의 물속 환경을 값비싼 물고기들이 살기 좋은 곳으로 만들기 위해 먼저 집어넣은 물고기로, 어항 속의 물 환경이 좋아지게 되면 버려지는 물고기

■ 연보

1964. 10. 15. 부산 출생

1985. 2. 1. 국방부 군무원 공채 9급 임용

1985. 2. 1. ~ 2007. 12. 31. 육군 군수사령부 근무

1994. 2. 26. 한국방송통신대학교 영어영문학과 졸업

2000 ~2002 부경대학교 평생교육원 문예창작과정 수료

2002. 9. 1. 수필과비평 신인상 수상. 수필가로 등단

2006 ~ 2007 영남여성문학회 모시올 회장

2006 ~ 2007 부경문학회 사무국장

2008. 부산시 문예진흥기금 수혜

2008. 2. ~ 2011. 11. 육군 2사단 근무

2008. 8. 25. 수필집《파로호에 잠긴 초록별을 낚다》출간

2010. 11. 17. 부산수필문협 제1회 수필문학상 본상 수상

2010. 10. 4.《에세이포레》문학평론 신인상 당선 평론 등단

2011. 11. ~2014. 2 국방시설본부 강원시설단 근무

2011. 12. 30. 양구군수 표창 수상

2011. 12. 31. 산림청 양구국유림관리소장 표창 수상

2011. 1. 18. 제16회 신곡문학상 본상 수상

2011. 2. 15. 2011 젊은수필 작품 선정

2012. 4. 10. 2012 한국의 좋은 수필 작품 선정

2012. 1. ~ 2013. 12. 월간《수필과비평》이사

2013. 5. 10. 비평가가 뽑은 2013 한국의 좋은 수필 작품 선정

2013. 3. 30. 《현대수필》 오늘의 한국 대표수필 100인 작품 선정

2014. 부산문화재단 창작지원금 수혜

2014. 10. 1. 수필집 《내 안의 빈집》 출간

2014 ~ 2015 부산수필과비평작가회 회장

2014 ~ 2019 국방시설본부 경상시설단 근무

2014. 2. 10. 《선수필》한국현대수필 75인선 작품 선정

2015. 12. 24. 창원시 진해구청장 감사패 받음

2016. 12. 31. 울산 남구청장 표창 수상

2016. 2. 16. 2015년 40인 평설로 읽는 대표수필 작품 선정

2017. 12. 26. 국방시설본부 '우수시설인' 선정 표창 수상

2018. 1. 31. 부산 사상구청장 감사장 받음

2018. 8. 22. 경희대학교 경영학과 졸업

2019. 10. 1. 국방부장관 표창 수상

2019. 12. 13. 부산수필문협 제10회 올해의 작품상 심사위원

2020. 1. 1. 국방부 행정군무서기관(4급) 승진

2020. 1. 11. 월간 《좋은수필》제정 베스트에세이 10 작품상 수상

현대수필가 100인선 II· 75
심선경 수필선

강변여관

초판인쇄 | 2020년 7월 15일
초판발행 | 2020년 7월 20일

지은이 | 심 선 경
펴낸이 | 서 정 환
펴낸곳 | 수필과비평사 · 좋은수필사

주 소 | 서울시 종로구 삼일대로 32길 36.
305호(익선동 30-6)운현신화타워)
전 화 | 02)3675-5635, 010-3231-4002
등 록 | 제 300-2013-133호
홈페이지 | http://www.shinapub.com
e-mail | essay321@hanmail.net

값 8,000원

ISBN 979-11-5933-276-0 04810
ISBN 979-11-85796-15-4 (세트)

이 도서의 국립중앙도서관 출판시도서목록(CIP)은 서지정보유통지원시스템 홈페이지(http://seoji.nl.go.kr)와 국가자료공동목록시스템(http://www.nl.go.kr/kolisnet)에서 이용하실 수 있습니다.(CIP제어번호:CIP2020029412)